Es war doch nur Sex!

Andrea Bräu

Es war doch nur Sex!

Seitensprung –
ein altes neues Verlangen

südwest°

ISBN: 978-3-517-08703-0
© 2011 by Südwest Verlag, einem Unternehmen der Verlagsgruppe
Random House GmbH, 81673 München

Programmleitung: Silke Kirsch
Projektleitung: Stefanie Heim
Redaktion: Dr. Ulrike Kretschmer
Umschlaggestaltung: schwecke.mueller Werbeagentur GmbH,
München, unter Verwendung eines Fotos von gettyimages/
Denis Capoullie
Layout und Satz: Nadine Thiel | kreativsatz, Baldham
Druck und Verarbeitung: GGP Media GmbH, Pößneck

Verlagsgruppe Random House FSC-DEU-0100
Das für dieses Buch verwendete FSC®-zertifizierte Papier
Munken Premium cream für dieses Buch liefert Arctic Paper
Munkedals AB, Schweden.

Printed in Germany

817 2635 4453 6271

Widmung

Für zwei kleine Männer:
E. und C.

Für zwei große Männer:
R. und P.

Und für zwei großartige Frauen:
A. und N.

Inhalt

Vorwort

Seitensprung ist ein Thema, das mittlerweile nicht mehr weg-
zutabuisieren ist. Denn eines ist klar: Immer mehr Menschen
tun »es«. Statistiken belegen, dass heute 50 Prozent der Menschen fremdgehen, also jeder Zweite. Ich persönlich vermute,
dass es sogar wesentlich mehr sind und dass diese Zahl zukünftig eher steigen wird.

Aber warum tun sie es, und was steckt wirklich dahinter?
Was bewegt uns so sehr, dass wir seit Generationen fest ver-
ankerte Normen immer offener infrage stellen und Tabus bre-
chen? Darüber wird noch wenig und vor allem sehr spekulativ
gesprochen. Reichen die Partner heute nicht mehr aus? Was
suchen wir beim Seitensprung eigentlich? Und welchen Einfluss übt der Zeitgeist aus?

Anfängliche Erklärungsversuche, dem Thema »Fremdgehen« mit geschlechtsspezifischen Klischees zu begegnen,
kamen nicht sehr weit. Aktuellen Studien und Umfragen zufolge haben Frauen diesbezüglich ziemlich erfolgreich auf-
geholt.

Vom Tabu zur gesellschaftlichen Realität

Interessant ist auch die Entwicklung, die das Thema als sol-
ches nimmt. Längst haben auch die Medien verstanden, dass
es sich – vor allem in der westlichen Kultur – beim Seitensprung um ein echtes Phänomen der heutigen Gesellschaft

handelt, weshalb sie ihn auch ins Zentrum des Interesses gerückt haben. Taucht das Thema täglich auf den Titelseiten auf, wird es wiederum noch weiter aus der Tabuzone heraus- und ins tägliche Leben hineingeholt.

Auch das Thema »Liebe via Internet«, die moderne Form der Partnervermittlung, war lange Zeit ein Tabu. Doch stehen heute immer mehr Menschen ganz offen dazu, dass sie ihren Partner über das Internet gefunden haben; immer mehr Partnerbörsen auf hohem Niveau haben sich zunehmend medienwirksam etabliert.

Weniger offen wird über das Thema »Seitenspringen via Internet« gesprochen, dabei sind es geschätzt mehr Menschen, die eher nach einer Außenbeziehung als nach einer echten Partnerschaft suchen. Letztere besteht in den meisten Fällen bereits. Im Internet gibt es unzählige Agenturen – Tendenz steigend – und alle haben eines gemeinsam: das Versprechen nach schnellem, einfachem und unkompliziertem Sex.

Ich habe jahrelang in unterschiedlichen Foren im Internet geforscht, um zu verstehen und zu erleben, was Menschen dazu veranlasst, sich bei Seitensprungagenturen anzumelden, worin für sie der Reiz daran besteht. Dabei habe ich auch die Gefahren erkannt, die manchmal sehr dicht am Reiz liegen. Erstaunlich ist auch, welche Risiken viele Menschen einzugehen bereit sind – denn auch wenn ein aufgedeckter Seitensprung heute nicht mehr zwingend ein Trennungsgrund sein muss, so stellt er doch immer eine extreme Belastung für die Beziehung dar. Viele Partnerschaften scheitern daran. Was bewegt Menschen also trotzdem dazu, einen Seitensprung einzugehen?

Wünsche und Sehnsüchte

Dies ist kein Buch darüber, wie man einen Seitensprung findet, wie man damit umzugehen hat, wie man ihn vertuschen kann oder was man tut, wenn er entdeckt wurde. Zu diesem Thema gibt es bereits viele gute Bücher. Ebenso wenig sollen hier der moralische Zeigefinger erhoben oder Werturteile gefällt werden.

Es ist hingegen ein Buch, das sich mit den Hintergründen des Fremdgehens beschäftigt, mit dem Phänomen des Seitensprungs in der heutigen Zeit. In einer Zeit, die durch eine rasante Entwicklung geprägt ist, durch unglaublich viel Freiheit und die Möglichkeit, Hemmschwellen rasch zu überwinden und Wünsche und Sehnsüchte besonders einfach über das Internet auszuleben.

Zudem ist das Buch aus der Sicht einer Therapeutin geschrieben. Ich habe bewusst auf Statistiken und imposante Zahlen verzichtet. Ich schildere Erfahrungen, die ich mit Menschen in meiner praktischen Arbeit gemacht habe.

Im Zuge meiner Recherchen habe ich viele Menschen kennengelernt, und einige erzählten mir ihre teilweise sehr berührenden Geschichten. Geschichten über Wünsche, Träume, Hoffnungen, Fantasien und Sehnsüchte. Geschichten darüber, was sie suchen und wen sie suchen. Was sie finden und was nicht. Und dabei stand zumindest vordergründig für alle eines ganz oben: die Sehnsucht nach Sex!

München, im Frühling 2011

So alt und doch so neu

Sie wird von ihrem Partner betrogen und geht daraufhin ins Internet, um sich durch einen Seitensprung zu »rächen«. Ihr Selbstwertgefühl ist gleich null, sie fühlt sich mit ihrem Partner nicht mehr auf Augenhöhe. Im Netz trifft sie auf IHN; er sucht, weiß aber nicht genau, wonach. Er ist verheiratet und hat Kinder. Beim ersten Treffen sind sich die beiden auf Anhieb sympathisch, es folgen weitere Treffen. Vier lange Jahre. Sie hat sich inzwischen von ihrem Partner getrennt, er führt ein Doppelleben und ist in ihr Leben völlig integriert. Vier lange Jahre. Sie beendet die Beziehung, weil die Zukunftsperspektive fehlt. Ein Jahr lang haben sie keinen Kontakt. Beide leiden in dieser Zeit noch mehr. Dann treffen sie sich wieder und definieren ihre Beziehung neu. Seitdem läuft die Affäre, die schon lange keine mehr ist und wohl auch nie war, wieder. Beide können und wollen nicht ohne einander, sprechen von Liebe …
Dabei war es doch nur Sex!

Eine Seitensprungagentur wirbt mit dem Slogan: »Das Leben ist kurz. Gönn' dir eine Affäre!« Im dazugehörigen Radiospot unterhalten sich zwei Freundinnen miteinander; die eine sagt zur anderen: »Das ist genau das Richtige für Frauen wie uns – verheiratet, aber vernachlässigt.« Ein Elektromarkt schrieb jüngst auf seine Werbeplakate:»Fremdgehen ist wie woanders kaufen. Nur ganz sicher teurer.«
Fremdgehen und Seitensprünge gehören zu unserem All-

tag. Das Thema ist schon längst kein Tabu mehr, man redet offen darüber, wirbt sogar damit. Der Seitensprung scheint im 21. Jahrhundert salonfähig geworden zu sein. Doch was genau macht ihn eigentlich so interessant? Und geht es dabei wirklich nur um Sex?

Neue Zeiten erfordern neue Modelle

Die meisten Menschen wünschen sich eine feste Partnerschaft, und viele haben diese auch. Trotzdem gehen rund 50 Prozent aller Männer und Frauen fremd. Ein Großteil der Männer und Frauen, vor allem Ältere, sehen den Seitensprung zudem nicht mehr unbedingt als Trennungsgrund an. Man könnte also schon fast von einem Kavaliersdelikt sprechen – ein befremdlicher Gedanke in Anbetracht der Tatsache, dass in anderen Kulturen Frauen(!) dafür heute noch gesteinigt werden.

Einen Seitensprungpartner zu finden, ist heute ebenfalls nicht mehr besonders schwierig, hält das Internet doch eine Menge an einfachen, schnellen und unkomplizierten Möglichkeiten dafür bereit. Und auch außerhalb des Netzes gibt es Gelegenheiten zum Fremdgehen an jeder Ecke; sie warten nur auf uns, wenn wir es denn wollen würden. Und immer mehr scheinen es zu wollen.

Vielleicht gehören Sie zu den Menschen, die nicht an Monogamie glauben. Auch dieses Thema wird immer wieder heftig diskutiert. Doch es ist im Grunde unwichtig, ob wir Menschen – wissenschaftlich bestätigt – monogam sein können oder nicht, das spielt beim Seitensprung keine Rolle. Wichtig ist hingegen, dass das betroffene Paar einen gemeinsamen, das heißt für beide passenden Weg finden muss, mit einem Seitensprung umzugehen. Ob dieser Weg dann Monogamie, serielle Monogamie oder offene Beziehung lautet, ist völlig unerheblich – solange es beiden damit gut geht. Das kann und darf sich im Laufe des Lebens auch verändern.

Eine hübsche Bezeichnung ist in diesem Zusammenhang

das Wort »Polyamory«, das bedeutet, mehrere Liebesbeziehungen gleichzeitig haben zu können und zwar mit Wissen aller beteiligten Partner. Die heutige Zeit verlangt, dass wir uns mit neuen Beziehungsformen auseinandersetzen, da die alten Modelle in ihrer bislang bewährten Form nicht mehr zu greifen scheinen und dem heutigen Menschen einfach nicht mehr entsprechen.

So alt wie die Menschheit selbst

Ehebruch und Affären gibt es schon so lange, wie es die Liebe und Beziehungen gibt. Verändert hat sich im Laufe der Zeit sicherlich deren Anbahnung. Waren es früher der Debütantenball und dann Annoncen in diversen Zeitschriften, so ist heute das Internet das Medium, das als Türöffner dient und fast alles zu bieten hat, was Mann und Frau sich nur wünschen können. Die entsprechenden Portale sind mittlerweile zu einer richtiggehenden Industrie geworden, die sich an der Beziehungssuche und Außenbeziehungssuche der Menschen bereichert.

Wer ist wer, und was ist was?

Seitensprung, Fremdgehen, Affäre, Dreiecksbeziehung, es gibt viele Begriffe für ein und dasselbe – anscheinend, denn es bestehen durchaus Unterschiede zwischen diesen Formen der zwischenmenschlichen Beziehung, und sie wirken sich in nicht unerheblichem Maße auf die Betroffenen aus. Daher finde ich es wichtig, die im Buch verwendeten Begriffe im Folgenden zu erklären.

An erster Stelle – die Betroffenen

Auch für die an einem Seitensprung Beteiligten gibt es viele unterschiedliche Bezeichnungen: Betrüger(in), Betrogene(r), Geliebte(r), Täter und Opfer, um nur einige zu nennen. Ihnen allen ist eines gemeinsam: Diese Bezeichnungen werten. Sie weisen direkt oder indirekt Schuld zu, sie fungieren als moralischer Zeigefinger. Und das ist insbesondere aus therapeutischer Sicht nicht hilfreich. Will man das Thema möglichst wertfrei beleuchten, bieten sich die wesentlich neutraleren Begriffe des Aktiven, des Passiven und des (un)sichtbaren Dritten an.

In den folgenden Fallbeispielen taucht entweder die männliche oder die weibliche Form dieser Bezeichnungen auf – so, wie die Rollen besetzt sind. Die darin beschriebenen Menschen kenne ich teilweise aus meiner therapeutischen Praxis, es gibt sie also auch im »wirklichen Leben«. Mit anderen Fallbeispielen greife ich dagegen auf »Klassiker« zurück, das heißt auf Lebenssituationen, die sich immer wieder so oder ähnlich ereignen und nicht auf ein bestimmtes Paar bezogen sind. All ihre individuellen und besonderen Geschichten haben zu meiner Erfahrung und zur Entstehung dieses Buches beigetragen. Dabei versteht es sich von selbst, dass Angaben wie Name, Alter, Wohnort und dergleichen mehr geändert wurden, damit keine Rückschlüsse auf konkrete Personen gezogen werden können.

Seitensprung und Fremdgehen

Die beiden Begriffe »Seitensprung« und »Fremdgehen«, um die es hier hauptsächlich geht, werden, wie im umgangssprachlichen Gebrauch auch, synonym verwendet. Sie stellen den Oberbegriff für die nachfolgend genannten Bezeichnungen dar, da zum Beispiel One-Night-Stand, Affäre oder Außenbeziehung bereits etwas über die Dauer, die Intensität und die Art der Interaktion aussagen, sich alle jedoch in die Kategorie Seitensprung beziehungsweise Fremdgehen einordnen lassen. Bei beidem handelt es sich um ein sexuelles Erlebnis mit einem Partner außerhalb der Kernbeziehung. Das bedeutet dann auch, dass ungebundene Menschen weder fremdgehen noch »seitenspringen« können. Auch spielt sich jeder Seitensprung und jedes Fremdgehen in einem zeitlich begrenzten Rahmen ab, weil man ab einer gewissen Dauer wiederum von einer länger andauernden Affäre oder sogar von einer (Parallel-)Beziehung sprechen kann.

One-Night-Stand

Der One-Night-Stand ist ein einmaliges »Gastspiel«; der Begriff wird umgangssprachlich im Zusammenhang mit einem sexuellen Abenteuer verwendet. Man lernt sich kennen, hat eine kürzere oder auch längere Anlaufphase, geht miteinander ins Bett oder hat sexuellen Kontakt und trennt sich ebenso schnell wieder – spätestens am nächsten Morgen. Der One-Night-Stand ist eine sehr einfache Form der Beziehung, wenn man ihn überhaupt so nennen kann. Es gibt klare Regeln, über die die Beteiligten auch Bescheid wissen sollten. Kennzeichnend für den One-Night-Stand ist beispielsweise, dass es keine Verpflichtungen und keine Komplikationen, vor allem aber kein Wiedersehen gibt. Wie das Wort schon sagt, zeichnet Einmaligkeit den One-Night-Stand aus – es ist einfach »nur« Sex.

In den entsprechenden Portalen im Internet geben viele den One-Night-Stand als Kategorie »Vorliebe« an – vermutlich weil er die unverbindlichste Art darstellt, die sexuellen Bedürfnisse zu befriedigen, ohne sich emotional binden zu müssen. Gerade deshalb ist beim One-Night-Stand auch die Chance am größten, dass der Partner diesen verzeiht: Er wird nicht unbedingt gleich als »Hochverrat« angesehen.

Affäre – eine skandalöse Angelegenheit?

Das Wort »Affäre« stammt aus dem Französischen und bedeutet so viel wie unangenehme Angelegenheit oder Vorfall. In der Wirtschaft und Politik assoziiert man damit meist etwas Skandalöses. Und tatsächlich scheint eine Liebesaffäre auch immer etwas Skandalumwittertes, zumindest etwas Geheimnisvolles an sich zu haben. Sie kann parallel zu einer bestehenden

Partnerschaft verlaufen, muss es aber nicht. Auf jeden Fall ist sie mehr als ein One-Night-Stand und weniger als eine Beziehung. Ich definiere Affäre als eine zeitlich begrenzte, oftmals sehr leidenschaftliche Beziehung, die durchaus emotional untermauert sein kann, allerdings auch durch eine gewisse Unverbindlichkeit gekennzeichnet ist. Deshalb bekennen sich viele ungebundene Menschen zu dieser Form der zwischenmenschlichen Beziehung: Sie wollen sich nicht fest binden.

Der »Klassiker« – die Beziehung

Es gibt verschiedenste Definitionen von Beziehung. Ich verstehe darunter einen Zustand der Verbindung zwischen sozialen Wesen. Dabei ist es zunächst unerheblich, ob es sich um die Beziehung zwischen Eltern und Kindern, zwischen Geschwistern, zwischen Freunden oder beispielsweise um die Beziehung zu einem Haustier handelt. Oft ist mit Beziehung allerdings ein Verhältnis gemeint, das partnerschaftlich ausgerichtet ist und zwischen zwei Partnern gelebt wird. Diese Form der Beziehung ist auch immer mit Emotionen verbunden und somit mit einer tieferen Bedeutung versehen.

Partnerschaft – Beziehung zwischen zwei Personen

Die Partnerschaft stellt eine Sonderform der Beziehung dar und spielt sich in der Regel zwischen zwei Personen ab – heute allerdings nicht mehr unbedingt nur zwischen Mann und Frau. Doch ob verschieden- oder gleichgeschlechtlich: Meist wird Partnerschaft als etwas Exklusives betrachtet, mehrere Partnerschaften zur gleichen Zeit sind kaum möglich. Gemeinsame Aufgaben, gemeinsame Ziele und eine erotische Komponente gehören ebenso zur Partnerschaft wie die emotionale Verbindung. Zwei Menschen beschließen, dass sie zusammengehören, und binden sich nicht selten durch äußere Zeichen wie eine Verlobung oder Heirat. Damit besitzt die Partnerschaft eher den Charakter des Festen, des Beständigen. »Offene Beziehungen«, in denen sich beide externe Kontakte gestatten und es sich nicht in erster Linie um Liebe und Partnerschaft handelt, sondern um sexuelle Belange, sind die Ausnahme. Doch auch da wird die Zusammengehörigkeit innerhalb der Beziehung nicht infrage gestellt. Überhaupt gibt es heute immer mehr neue, alternative Beziehungsformen. Ein Zusammenwohnen muss beispielsweise nicht unbedingt sein und ist daher kein wesentliches Merkmal einer festen Partnerschaft mehr.

Dreiecksbeziehung als Außenbeziehung

Unter einer Dreiecksbeziehung versteht man im Allgemeinen das sexuelle Verhältnis zwischen drei Personen, bei dem einer der Beteiligten zweigleisig fährt. Diese Person kann eine oder sogar beide Beziehungen heimlich führen; in diesem Fall weiß also nur der Aktive davon. In seltenen Fällen werden beide Beziehungen offen ausgelebt. Alle drei Beteiligten stehen – wie in einem Dreieck – in unterschiedlicher Beziehung zueinander; genau genommen müsste man bei der Konstellation Aktiver/Passiver/(un)sichtbarer Dritter von einer Außenbeziehung, einer Parallelbeziehung oder sogar von einem Doppelleben sprechen.

Auch das ist möglich – die Vierecksbeziehung

Eigentlich gibt es das Wort »Vierecksbeziehung« gar nicht, trotzdem verwende ich es gern im Zusammenhang mit Außenbeziehungen. Es sagt aus, dass es sich um vier Personen handelt, die miteinander verflochten sind; jeder in diesem Viereck hat neben dem Hauptpartner noch einen Außenpartner. Den klassischen Dritten gibt es also nicht, da dieser ebenfalls in einer festen Partnerschaft steckt. Es kommt gar nicht so selten vor, dass beide Partner innerhalb einer Kernpartnerschaft jeweils eine weitere Beziehung zu einem Dritten pflegen. Es ist sehr wichtig, den Unterschied zwischen Dreiecks- und Vierecksbeziehung hervorzuheben, da die beiden Gefüge ein anderes Gleichgewicht aufweisen.

Ob Dreiecksbeziehung, Affäre oder One-Night-Stand: Den Seitensprung gab es in der Geschichte der Menschheit schon immer. Er hat sich – je nach sozialen Bedingungen – allerdings erheblich verändert. In der Antike sahen Beziehungen, Partnerschaften und Ehen anders aus als in Mittelalter und Neuzeit; und dementsprechend gestaltete sich auch das Sexualleben außerhalb der jeweils vorherrschenden sanktionierten Beziehungen anders.

Seitensprung damals und heute

Wie Partnerschaften und außerpartnerschaftliche Beziehungen verlaufen, wird immer auch von etwas schwer Greifbarem bestimmt: dem Zeitgeist. Weniger schwer zu erkennen ist, dass dieser Zeitgeist sich verändert und damit Einfluss darauf nimmt, wie der Mensch dem Thema »Partnerschaft und Sexualität« – und einhergehend auch dem Thema »Seitensprung« – gegenübersteht. Es würde den Rahmen dieses Buches sprengen, die Entwicklung des Zeitgeists hinsichtlich dieser Themen zu jeder Zeit überall auf der Welt nachvollziehen zu wollen; ich beschränke mich deshalb auf drei große Epochen der Menschheitsgeschichte: Antike, Mittelalter und Neuzeit.

Der Grundimpuls – wonach suchen wir?

Vor der Frage danach, wie der Mensch mit dem Thema »Partnerschaft und Sexualität« umgeht, steht die Frage, was ihn überhaupt zur Suche nach einem Partner motiviert. Platon beantwortete diese Frage mit einer schönen Geschichte: Ursprünglich waren die beiden Partner eins; sie wurden getrennt und suchen einander noch heute.

Rede des Aristophanes im Gastmahl

Mit Mühe endlich hatte Zeus etwas ersonnen und sagte, Ich glaube nun ein Mittel zu haben wie es noch weiter Menschen geben kann, und sie doch aufhören müssen mit ihrer Ausgelassenheit, wenn sie nämlich schwächer geworden sind. Denn jetzt, sprach er, will ich sie jeden in zwei Hälften zerschneiden ...

Nachdem nun die Gestalt entzweigeschnitten war, sehnte sich jedes nach seiner andern Hälfte und so kamen sie zusammen, umfassten sich mit den Armen und schlangen sich ineinander ... über dem Begehren zusammen zu wachsen ...

Von so langem her also ist die Liebe zu einander den Menschen angeboren, um die ursprüngliche Natur wiederherzustellen, und versucht aus zweien eins zu machen und die menschliche Natur zu heilen.

Platon, griechischer Philosoph, 427 v. Chr.–347 v. Chr.

Grundimpuls bei der Partnersuche ist demnach die Sehnsucht, der Drang nach Vereinigung, das Verlangen, sich im Sinne eines Paares zu vereinen, das Bedürfnis nach körperlicher, leidenschaftlicher Liebe – nach Eros. All dies kann natürlich unter den verschiedensten Rahmenbedingungen geschehen: als Ehe, feste Beziehung, lose Beziehung, als Seitensprung oder Affäre bis hin zu einem einmaligen Akt, wie beispielsweise einem One-Night-Stand.

Die Sehnsucht nach dem Eins-Sein

Platon zufolge kommen wir aus dem»Eins-Sein« und streben diesem Zustand wieder entgegen. Und dieser Umstand begegnet uns sowohl im geschichtlichen Kontext als auch im Leben jedes Einzelnen. Während uns die Geschichte eine Art Abnabelung von verschiedenen Abhängigkeiten spiegelt (siehe S. 36), nabelt sich der Einzelne beginnend mit der Geburt über die Pubertät und weitere Entwicklungsschritte vom ursprünglichen Zustand des Eins-Seins mit der Mutter ab. Im Grunde genommen vertritt die Mutter dabei sowohl das menschliche als auch das naturbezogene Eins-Sein. Letzteres zeigt sich auch darin, dass der Fötus nach der Empfängnis gewissermaßen die Evolution durchläuft – von dem Einzeller bis zum eigentlichen Menschenbaby. Ohne dies zu sehr ins Mystische rücken zu wollen, kann man durchaus sagen, dass der Mensch spätestens durch den Tod wieder zum Eins-Sein zurückkehrt – zumindest mit der Natur, im Sinne von Erde zu Erde, Asche zu Asche, Staub zu Staub.

Aber auch während des Lebens versuchen wir auf verschiedenste Art und Weise, uns diesem Urzustand des Eins-Seins zu nähern oder ihn wenigstens zu begreifen, sei es durch Philosophie, Religion, Meditation oder Ähnliches. Auch in der Sexualität begegnet uns dieses Thema, wie alte Anschauungen und Überlieferungen – etwa das *Kamasutra* oder in letzter Zeit wieder recht in Mode gekommene tantrische Praktiken – zeigen. Viele Menschen bezeichnen den Orgasmus ganz konkret als ein Gefühl des Eins-Seins oder der Verschmelzung mit dem Partner. Die Franzosen nennen ihn sogar »le petit mort« – den kleinen Tod.

Antike – Knabenliebe, Hetären und Konkubinen

Im alten Griechenland waren außerehelicher Sex und Prostitution keine Fremdwörter. Sehr verbreitet war die Knabenliebe, die zusätzlich zu den käuflichen Prostituierten, den Hetären, eine Möglichkeit außerhalb der Ehe bot, körperliche und geistige Liebe zu finden. Im alten Athen lag die Bedeutung der Ehefrauen als Bürgerinnen ausschließlich in der Haushaltsführung und im Kinderkriegen – aufgrund mangelnder Bildung waren sie ihren Männern geistig meist unterlegen. In dieser Hinsicht waren die Knaben privilegiert: Sie genossen eine Ausbildung und hatten den zusätzlichen Vorteil, aufgrund ihres jungen Alters noch weich, zart und dadurch weiblich anzumuten. Sobald der Knabe zum Mann heranreifte, war er jedoch kein entsprechendes Sexualobjekt mehr, sondern bereits auf dem Weg, sich selbst in der Knabenliebe zu versuchen.

Selbst die Hetären waren den Ehefrauen »überlegen«, denn auch sie waren gebildet und hatten sowohl im alten Griechenland als auch im antiken Rom einen gewissen sozialen Status. Es galt durchaus nicht als anrüchig, mit den in Kunst, Literatur und Philosophie bewanderten Frauen Umgang zu pflegen.

Das älteste Gewerbe der Welt

Außereheliche sexuelle Begegnungen fanden in der Antike wohl vor allem auf der Ebene der Prostitution statt, Letztere seit rund 3000 Jahren. Das älteste Bordell, das als Gebäude in seiner Funktion bekannt ist, wurde 1862 in Pompeji gefunden. Es wurde bei dem verheerenden Vulkanausbruch 79 n. Chr. unter Bergen von Lava und Asche verschüttet und dadurch konserviert; es stellt eine der besterhaltenen Ruinen der Antike dar.

Das eigentliche Zentrum der Lust soll jedoch Rom gewesen sein. Durch Ausgrabungen im 19. Jahrhundert konnte man rekonstruieren, dass Sex, Orgien und Prostitution im Rom der Kaiserzeit an der Tagesordnung waren. Kaiser Caligula führte im Jahr 37 eine Steuer für Prostitution ein und reglementierte sie dadurch nicht nur, sondern verschaffte dem Römischen Reich auch enorme Einnahmen. Sexuelle Ausschweifungen und Korruption erlebten im 1. Jahrhundert n. Chr. ihren Höhepunkt, wohingegen im frührömischen Reich noch recht strenge sittliche Vorstellungen herrschten.

Ehe und Ehebruch im Römischen Reich

Im Römischen Reich stellte Ehebruch einen rechtlichen Straftatbestand dar – allerdings nur für Frauen. Bekam der Ehemann vom Ehebruch Wind, war er verpflichtet, beide

– seine Frau und deren Liebhaber – anzuzeigen, sonst machte er sich der Zuhälterei schuldig. Grundsätzlich waren Ehen zwischen Römern und Nichtrömern verboten. Das war deswegen so wichtig, weil die Erbfolge im Römischen Reich oberste Priorität hatte. Man legte viel Wert auf legitime Nachkommen und kontrollierte die Frauen sehr streng, damit sie den Männern keine außerehelichen Kinder unterschieben konnten.

In seiner Blütezeit erreichte das Römische Reich eine ungeheure Ausdehnung – die es nicht zuletzt seiner geschickten und bestens organisierten Kriegführung zu verdanken hatte. Jeder männliche römische Bürger – zum Großteil Bauern und Handwerker – musste zur Armee, bis schließlich eine Berufsarmee gegründet wurde, in die Männer aus ärmeren Schichten und ohne Beruf eintreten konnten. Damit war es diesen Männern möglich, Land zu erwerben, Habe aufzubauen und sozial aufzusteigen. Verboten war es ihnen allerdings zu heiraten – zumindest durften sie es erst dann, wenn sie 25 Jahre lang Militärdienst geleistet hatten. Damit sie dennoch einem Sexualleben nachgehen konnten, wurde das Konkubinat legitimiert und institutionalisiert.

Wohlhabende Römer, beispielsweise Statthalter oder Feldherren, waren meist in Rom verheiratet, führten aber in der ganzen Welt Krieg gegen die »Barbaren« – wohin ihnen ihre Ehefrauen selbstverständlich nicht folgten. Also nahmen sich auch die Feldherren vor Ort Konkubinen, eine erlaubte Form der außerehelichen Beziehung. Kinder, die aus solchen Verbindungen hervorgingen, waren allerdings keine römischen Bürger und damit nicht erbberechtigt. Sie blieben bei den Konkubinen, die ebenfalls keine Römerinnen waren und meist aus den Provinzen kamen, in denen die Armee jeweils Krieg führte oder stationiert war, etwa aus Germanien, Iberien oder Afrika. Die Konkubinen waren selbst nicht verheiratet und fast immer mit demselben Mann beziehungsweise Soldaten liiert.

Letztere erlebten das Ende ihrer 25-jährigen Militärlaufbahn häufig nicht; wenn doch, durften sie heiraten und ihre

Kinder in Rom rechtlich anerkennen lassen. Und damit wurde das wichtigste Ziel des römischen Imperiums erreicht: die Stabilisierung des Reichs durch Zeugung ausreichender Nachkommenschaft.

Kein gleiches Recht für alle

Grundsätzlich waren in der Antike außereheliche sexuelle Beziehungen weit verbreitet und gesellschaftlich akzeptiert – für Männer! Im Gegensatz zu den Frauen wurde ihnen durchaus ein ausschweifendes Sexualleben zugestanden.

Sowohl die griechische als auch die römische Frau war rechtlich und politisch unmündig und in ihrem Rechtsstatus über die Männer definiert, also über den Vater, den Ehemann und den Bruder. Die griechischen Frauen der Oberschicht hielten sich fast ausschließlich im Haus auf, bei Besuch zogen sie sich in die Frauenräume des Hauses zurück und waren kaum gesehen. Bei der einfachen Bevölkerung waren die Frauen natürlich auch in die Arbeit eingebunden, aber nur über den Mann geschäftsfähig.

Im Vergleich zu den griechischen Frauen hatten die frei geborenen Römerinnen etwas mehr Rechte. Sie konnten je nach gesellschaftlicher Stellung das Haus für Einkäufe und zur Teilnahme an Veranstaltungen verlassen. Bei Festen und Besuchen im Haus waren sie im Gegensatz zu den griechischen Frauen präsent. Dennoch war auch die römische Frau vor allem Mutter, Gastgeberin und Haushaltsvorstand. Auch sie war bei der arbeitenden Bevölkerung in die Geschäfte eingebunden, wenn auch ebenfalls nicht geschäftsfähig.

Im Grunde war es in diesen frühen Zeiten so, dass ein Mann bereits beim Eintritt in die Ehe wusste, dass er mit sehr großer Wahrscheinlichkeit die Erfüllung seines Sexuallebens zumindest nicht ausschließlich in der Ehe finden würde. Gleichzeitig war dies auch den Ehefrauen in ihren fest definierten Rollen klar, sodass das Entstehen sexueller Beziehungen des Mannes außerhalb der Ehe letztendlich nicht auf innerehelichen Konflikten basierte. Damit schlug der moralische Aspekt auch keine allzu hohen Wellen.

Die Rolle der Frau im alten Ägypten

Führt man sich vor Augen, dass es im alten Ägypten bereits alleinherrschende Pharaoninnen gab, könnte man beinahe schon von Gleichberechtigung zwischen Mann und Frau sprechen. Auch ein berühmtes, wenn auch nicht historisch verbürgtes Beispiel für einen antiken Seitensprung stammt aus der altägyptischen Geschichte.

Gleich mehrere Affären soll angeblich Kleopatra (69–30 v. Chr.) gehabt haben, die zwischen 51 v. Chr. bis zu ihrem Tod als letzter weiblicher Pharao in Ägypten herrschte. Zunächst mit dem römischen Feldherrn Julius Cäsar; aus dieser Beziehung soll sogar ein Kind hervorgegangen sein – allerdings ohne Erbberechtigung, da Kleopatra keine römische Bürgerin war. Nach der Ermordung Cäsars 44 v. Chr. wurde Marcus Antonius ihr Geliebter, womit Kleopatra wohl ihre Macht ausbauen und sich gegen das mächtige Römische Reich behaupten wollte. Nachdem Marcus Antonius in der Schlacht bei Actium von Octavian, dem späteren Kaiser Augustus, besiegt worden war, ging auch ihre Herrschaft zu Ende, und Ägypten wurde römische Provinz. Kleopatra und ihr Geliebter sollen etwas später Selbstmord begangen haben. Nicht zuletzt aufgrund dieses »Hollywood-Endes« beschäftigte die Affäre seit der Antike immer wieder die Gemüter; genau genommen war es jedoch nicht Kleopatra, die Ehebruch beging, sondern Julius Cäsar und Marcus Antonius.

Mittelalter – Abwertung des Körperlichen

Die Epoche zwischen Antike und Neuzeit bezeichnet man in der europäischen Geschichte als Mittelalter. Der Zeitraum umfasst etwa das 6. bis 15. nachchristliche Jahrhundert und wird in Früh-, Hoch- und Spätmittelalter unterteilt. Zu fast 90 Prozent bestand die Bevölkerung im Mittelalter aus Bauern. Sie waren Pächter auf den Besitztümern der Grundherren und damit deren Leibeigene und Unfreie. Um zu heiraten, brauchten sie immer die Erlaubnis des Grundherren; doch auch wenn sie diese erhielten, durfte nur innerhalb der jeweiligen Grundherrschaft geheiratet werden, da sonst die Gefahr bestand, einen Arbeiter zu verlieren. Darüber hinaus hatte der Grundherr auch das »Recht der ersten Nacht« – das Recht, in der Hochzeitsnacht mit der Braut zu schlafen. Dieses Recht galt allerdings nur in einigen Gebieten und wurde lediglich eingeschränkt ausgeübt, da die Grundherren durchaus an einem friedlichen Miteinander interessiert waren und ihre Leibeigenen zudem nicht alle persönlich kannten. Es konnte aber durchaus als Machtinstrument des Grundherren missbraucht werden.

Kirche und Sexualität

Einen großen Einfluss auf die Sexualität übte die christliche Kirche aus, die jede Form von Sexualität, die nicht kirchlich sanktioniert war und der Fortpflanzung diente, für sündig erklärte. 1022 wurde für Priester der römisch-katholischen Kirche der Zölibat eingeführt. Natürlich wurde dieses Versprechen oft gebrochen. Schuld war dann immer die Frau, wenn ein Kirchenmann verführt worden war; er konnte durch ihre »Lüsternheit« quasi nicht anders, als sexuell stimuliert zu werden. Frauen galten der Kirche immer schon als sündige und damit gefährliche Kreaturen.

Christen machten im Mittelalter den überwiegenden Teil der europäischen Bevölkerung aus. In den großen Städten sowie in bestimmten Landstrichen gab es zwar auch einen kleinen Anteil an Juden, doch andere Religionen spielten im Europa der damaligen Zeit keine große Rolle. Eine Ehe zwischen den Religionen, das heißt zwischen Christen und Nichtchristen, war von beiden Seiten aus nicht möglich.

Überhaupt galt die Ehe als heilig – 1215 wurde sie zum Sakrament erklärt. Uneheliche Kinder erachtete man als Bastarde; sie gehörten automatisch der untersten Bevölkerungsschicht an. Der Zugang zu den zünftisch organisierten Berufen war ihnen verwehrt, offenstanden ihnen lediglich sozial wenig anerkannte Professionen wie Henker oder Totengräber. Oft gehörten sie auch dem fahrenden Volk an, umherreisende Menschen ohne festen Wohnsitz.

Doch auch die kirchliche Ehescheidung war im Mittelalter in Ausnahmefällen bereits möglich. Für die Frau etwa wurde es als Scheidungsgrund anerkannt, wenn ihr Mann unter Impotenz litt – was mithilfe schöner Jungfrauen sorgfältig überprüft wurde. Blieb eine Ehe kinderlos, wurde dies hingegen immer der Frau angelastet, was wiederum für den Mann ein Scheidungsgrund war – schließlich bestand der »Sinn« einer Ehe im Zeugen von Nachkommen.

Politische Eheschließungen

Da Ehen allerdings vom Papst geschieden werden mussten, war eine Scheidung in der Regel nur in den höchsten gesellschaftlichen Kreisen möglich; denn nur der Adel wiederum hatte Zugang zu hohen kirchlichen Würdenträgern. War man einmal kirchlich geschieden, konnte man auch wieder kirchlich heiraten. Meist geschah dies beim Adel im näheren verwandtschaftlichen Umfeld; damit wollte man das Erbe sichern oder Herrschaftsgebiete vergrößern und dadurch stabilisieren. Adlige Eheschließungen wurden im Mittelalter demnach immer auch zu politischen Zwecken unternommen; in besonderem Maße galt dies natürlich für königliche Kreise.

Eleonore war die Erbin des großen Herrschaftsgebiets Aquitanien und damit für den französischen König Ludwig VII. eine hochinteressante Heiratskandidatin. Mit der Vermählung wollte er sich nicht nur die mächtige Frau, sondern zugleich auch die Region im Südwesten Frankreichs sichern. Doch es kam anders als erhofft: Nachdem sie ihm zwei Töchter – und damit keinen Thronfolger – geboren hatte, ließen sich die beiden vom Papst mit der Begründung, zu nahe verwandt zu sein, scheiden. Daraufhin heiratete Eleonore den späteren König Heinrich II. von England – und gebar ihm acht Kinder, darunter zwei spätere Könige: Richard Löwenherz und König Johann. Damit verfügten die englischen Herrscher über ein stabiles Standbein im Süden Frankreichs, der zwischen Frankreich und England immer wieder heftig umkämpft war.

Höfisches Liebesideal – die Minne

Kennzeichnend für Liebesbeziehungen im Mittelalter war auch die Minnekultur. In den sogenannten Minneliedern wurden die Frauen verehrt und begehrt. Tatsächlich bezogen sich diese Texte fast immer auf verheiratete Frauen und Burgherrinnen, denen der meist fahrende Sänger seine Lieder vortrug. Die edle »frouwe« wird darin gepriesen, ihre sittlichen und körperlichen Vorzüge werden herausgestellt – eine Erfüllung der Liebe gab es jedoch nie. Denn hätte die verheiratete Dame dem Schmachten des Sängers nachgegeben, wären ihre überhöht dargestellten Tugenden natürlich nicht mehr zutreffend und das, was ihren Reiz ausmachte, zunichte gewesen. Bei der »Hohen Minne« handelte es sich demnach um eine literarische Kultur, nicht um tatsächlich ausgelebte Sexualität.

Daneben gab es auch die sogenannte »Niedere Minne«, in der bekannte Sänger wie Walther von der Vogelweide von tatsächlich stattgefundenen Liebeserlebnissen singen – allerdings nicht von Erlebnissen mit den adligen Damen des Hofes, sondern mit den Mägden und Dienstmädchen der Burg. Inwiefern das wirklich zutraf, kann man heute natürlich nicht mehr mit Sicherheit sagen.

Keuschheitsgürtel und andere Kontrollinstrumente

Zur Zeit der Kreuzzüge, etwa um das 12. Jahrhundert, zogen die Männer scharenweise in den Krieg – meist in weit entfernte Länder. Da sie sichergehen wollten, dass ihnen die Frauen zu Hause auch treu blieben, erfanden sie zahlreiche Instrumente, mit denen sie die Frauen auf die Probe stellen und überwachen konnten. Für die Anwendung der allseits bekannten Keuschheitsgürtel gibt es allerdings keine historischen Belege; gegen sie spricht etwa, dass sie bei einem Einsatz über einen längeren Zeitraum hinweg sicherlich ausgesprochen unhygienisch gewesen wären.

Wahrscheinlicher ist dagegen, dass die Kreuzfahrer auf ihrem Weg und im Heiligen Land Beziehungen mit einheimischen Frauen hatten. Diese Beziehungen waren jedoch kaum beständig und hatten keine Zukunftsperspektive, weil es sich meist um Nichtchristinnen handelte, mit denen eine christliche Ehe nicht möglich gewesen wäre. Für die soziale Stellung der christlichen Ehefrauen in der Heimat stellten diese Beziehungen also keine Gefahr dar.

Seid fruchtbar und mehret euch – aber bitte ohne Spaß!

Das Streben der Menschen im Mittelalter war vorwiegend auf das spätere Leben im Jenseits gerichtet, das den Priestern zufolge ewige Freude versprach. Die Erde sah man im Gegensatz dazu als Jammertal an. Diese Lebenseinstellung wurde nicht nur gepredigt, sondern vom Großteil der Bevölkerung sicherlich auch empfunden. Denn meist war das Leben tatsächlich von wenig Freude, sondern vor allem von Arbeit, Not, Elend, Krankheit und Seuchen geprägt. Der Leib galt als vergänglich, nur die Seele erachtete man als ewig. Wer dem Leib und damit der mit der Sexualität verbundenen Freude zu viel Bedeutung zukommen ließ, lief Gefahr, der ewigen Verdammnis anheimzufallen oder zumindest die Zeit im Fegefeuer zu verlängern. So sollten die Bedürfnisse des

Körpers beherrscht und eingeschränkt werden, auch die Lust. Wolllust – heute würde man sagen: Leidenschaft – war ein Laster, ja fast etwas Teuflisches. Aus Sicht der christlichen Moral sollte Sexualität ausschließlich der Zeugung von Kindern dienen. Der Körper wurde stark abgewertet; es galt als christliches Ideal, die Sinne zu beherrschen und keusch und rein zu leben. Homosexualität galt als krankhaft. Auf der anderen Seite herrschte im Mittelalter auch eine rohe, fast animalische Sexualität. Doch die wurde vermutlich nur von den Männern entsprechend ausgelebt; den Frauen gestand man im Mittelalter dagegen keine selbstbestimmte Sexualität zu.

Aufklärung in mehrfacher Hinsicht – die Neuzeit

Dem Mittelalter folgte die Neuzeit, deren Beginn gerne auf die Entdeckung Amerikas im Jahr 1492 datiert wird. Die Neuzeit wird wiederum in Phasen eingeteilt: Als Endpunkt der frühen Neuzeit gilt meist die Französische Revolution 1789, die sich anschließende Ära dauert noch heute an.

Die in Altertum und Mittelalter sehr zu Ungunsten der Frau herrschende Auffassung außerehelicher Beziehungen begann sich im Laufe der Neuzeit langsam zu verändern. Aspekte wie die Erhaltung der Erblinie oder die Betrachtung der Frau als Eigentum des Mannes wichen – wenn auch nur in kleinen Schritten – neuen Ansichten, die von einer zunehmenden geistig-wissenschaftlichen Entwicklung geprägt waren.

Auch das Entstehen immer größerer Städte leistete seinen Beitrag. Die hierbei wachsende Bedeutung der »öffentlichen Ordnung« führte zu einem neuen Verständnis der Gesellschaft und des Zusammenlebens und ersetzte zuvor geltende Bräuche und Sitten. Vergehen wie Ehebruch, die bis dahin üblicherweise im Rahmen der betroffenen Familien und Sippen geahndet worden waren, regelte man nun zunehmend gesetzlich. Menschenunwürdige Bestrafungsmethoden, die sich lange gehalten hatten, aber nun immer weniger in das neue Stadtbild und die Öffentlichkeit passten, wichen einem humaneren Rechtssystem.

Gleichstellung und Individualisierung

Mit den Stadtrechten begann sich ab dem 14. Jahrhundert letztendlich auch die Gleichstellung von Mann und Frau zu entwickeln, sehr langsam und mit vielen Höhen und Tiefen. Der sehr zaghaft wachsenden Selbständigkeit der Frauen stand die immer noch vorherrschende kirchliche Darstellung ihrer grundsätzlichen Sündhaftigkeit gegenüber – man denke nur an das dunkle Kapitel der Hexenverfolgungen im 15. bis zum 17. Jahrhundert, die daraus resultierten.

Vor diesem Hintergrund muss man bei der Gleichstellung von Frau und Mann noch von einer sehr langen »Tragzeit« mit vielen Komplikationen und einer wirklich überfälligen Geburt sprechen, die noch bis weit in die Neuzeit hinein auf sich warten ließ. Veränderungen setzten sich vor allem dort durch, wo sich die Ehefrauen aufgrund ihrer wirtschaftlichen Aktivitäten Sonderrechte erwarben. Letzteres wurde insbesondere in den wachsenden Städten mit ihrem florierenden Handel begünstigt. Ob nun tatsächlich alle mit dem Ergebnis dieser Geburt zufrieden sind, bleibt fraglich. Aus heutiger Sicht ist es schon bemerkenswert, wie jung unsere fast erreichte Gleichstellung doch eigentlich ist.

Mit der Renaissance im 15. und 16. Jahrhundert und vor allem mit der Aufklärung im 17. und 18. Jahrhundert gewannen in Europa die Wissenschaften immer stärker an Bedeutung und trugen ihren Teil zu einem besseren, offeneren Welt- und Selbstverständnis bei. Mehr und mehr alte Ansichten und Normen wurden hinterfragt und immer häufiger auch geändert.

Seit der Französischen Revolution richtete der Mensch den Fokus zunehmend auf sich selbst. Er hinterfragte von außen ordnende Strukturen und war immer weniger bereit, die eigenen Bedürfnisse denen der Gemeinschaft unterzuordnen. Das hiermit eingeführte Gedankengut setzte sehr wichtige menschliche Impulse zum Selbstverständnis und zur Selbstbestimmung. Der daraus entstehende Prozess der Individualisierung spiegelt sich unter anderem auch in der zunehmenden Bedeutung der Kleinfamilie wider. Sippen, Großfamilien und Dorfgemeinschaften verloren allmählich ihre Allmacht, der bisher nach außen gerichtete Fokus auf die »standesgemäße« Ehe richtete sich nun auch nach innen und schuf Raum für die Entwicklung echter Paarbeziehungen.

Dies gipfelte im Zuge der Romantik um 1800 in der Vorstellung der Liebesheirat. Nun erhoffte man sich die Erfüllung des menschlichen Daseins nicht mehr nur im Gottesbezug, sondern auch in der Zweierbeziehung – eine geschichtlich wirklich neue und mutige Entwicklung. Die Verbindung von Leidenschaft und der Institution Ehe erwies sich nicht zuletzt aufgrund fehlender Erfahrung jedoch als schwierig und konnte sich zumindest damals noch nicht gesellschaftlich etablieren.

Die Tradition der Versorgungsehe und auch die traditionelle Rollenverteilung in der Ehe beziehungsweise Familie hielt sich zäh, sodass eine leidenschaftliche Beziehung nicht zwangsläufig Teil der Partnerschaft war. Die außereheliche sexuelle Kompensation blieb jedoch immer noch größtenteils ein Privileg der Männer und spielte sich, wie eigentlich auch zuvor, häufig in entsprechenden Etablissements ab. Ehebrecherinnen wurden weiterhin geächtet.

Das durch die neuen Impulse der Renaissance und Aufklärung veränderte Selbstverständnis der Menschen sorgte zwar für eine Auflockerung in der Sexualität, doch hinkte die Praxis der Theorie so weit hinterher, dass eine Umsetzung der Ideale noch nicht stattfand. Das körperfeindliche mittelalterliche Erbe, das Keuschheit und Askese gepriesen hatte, wirkte noch lange nach und hemmte das Aufkommen einer neuen Freizügigkeit.

Darüber hinaus wurde das Sexualverhalten in der frühen Neuzeit wie in den Epochen zuvor auch von den weiterhin sehr unterschiedlichen gesellschaftlichen Schichten geprägt. Die kleinste, aber mächtigste Menschengruppe bildeten Klerus und Adel. Hinzu kam nun das vor allem in den Städten aufkommende Bürgertum, die dritte und größte Gruppe bildeten weiterhin die Bauern. Die Zugehörigkeit zum Stand gab größtenteils den Lebensablauf vor; besonders der Adel genoss dabei Privilegien und lebte diese auch durchaus freizügig und ausschweifend aus.

Während der Aufklärung fielen Ehe und Sexualität zunehmend in den Bereich der Privatsphäre, was den Einfluss der Kirche deutlich beschnitt. Mit der Einführung des Code Civil (1804) durch Napoleon wurden die mühsam errungenen Freiheiten schließlich manifestiert und wirken bis in unsere Zeit hinein.

Meilensteine der sexuellen Emanzipation

Ganz neue Vorstellungen von Sexualität brachte der Wiener Nervenarzt Sigmund Freud (1856–1939), der Vater der Psychoanalyse, Anfang des 20. Jahrhunderts in die Geschichte ein. Seine größte Entdeckung, das Unbewusste, das Es, das in einem Zusammenhang mit Ich und Über-Ich steht, hat heute weltweit Anerkennung gefunden; seine Theorien zu Libido und Sexualität sowie deren Zusammenwirken mit Körper und Seele sind als »Phasenschema der Psychoanalyse« längst psychologisches Gemeingut. Freud fand heraus, dass Störungen in der psychosexuellen Entwicklung des Kindes zu Neurosen und Psychosen führen können und dass das Ausleben dieses natürlichen Triebes durchaus wichtig und notwendig ist.

Neue wissenschaftliche Errungenschaften

Die Entdeckung des Antibiotikums, ebenfalls Anfang des 20. Jahrhunderts, ermöglichte die Behandlung von Infektionskrankheiten, was sich auch positiv auf die Heilungschancen bei sexuell übertragbaren Krankheiten auswirkte. Die Angst, für sexuelle Freizügigkeit »bestraft« zu werden, nahm deutlich ab.

1948 gewann der Zoologe und Sexualforscher Dr. Alfred Charles Kinsey mithilfe einer umfangreichen Studie und zahlreichen anonym geführten Interviews erstmals wichtige Informationen über das männliche und weibliche Sexualverhalten wie etwa sexuelle Vorlieben, Masturbation, Bisexualität und dergleichen mehr. Er veröffentlichte seine Erkenntnisse in den »Kinsey Reports«.

Die klassische Sexualtherapie, die das Forscherpaar William Masters, ein Gynäkologe, und Virginia Johnson, eine Psychologin, Ende der 1950er-Jahre entwickelte, bezieht sich vor allem auf sexuelle Funktionsstörungen und hat mittlerweile nur noch einen geringen, wenn auch nicht unbedeutenden Anteil an der Sexualtherapie, wie wir sie heute kennen.

Letztere ist im Grunde keine eigenständige Therapieform, sondern eine Mischung aus Psychoanalyse sowie Verhaltens- und Gesprächstherapie. Inzwischen spielt auch in der Sexualtherapie die Systemische Therapie, die den Menschen immer in Zusammenhang mit seinem System – zum Beispiel seiner Herkunft, Familie usw. – betrachtet, eine große Rolle, und auch Bestandteile aus anderen Therapieformen – etwa aus der Körpertherapie oder der Kunsttherapie – können je nach Arbeitsweise des Therapeuten mit einfließen.

Als 1960 die Antibabypille auf den Markt kam, nahm die Angst vor ungewollten Schwangerschaften ab. Sexualität vor der Ehe und vor allem ohne Konsequenzen war plötzlich möglich und trug somit erheblich zur Emanzipation der Frau bei.

Die sexuelle Befreiung der 68er-Generation schließlich machte es vor, wie offen und frei mit der Sexualität umgegangen werden kann. Diverse Aufklärungsfilme und entsprechende Literatur brachten frischen Wind in die deutschen Betten. Heute ist Sexualität ein Thema, das wie nie zuvor eine Präsenz in sämtlichen Medien erreicht hat, seien es Zeitschriften, Bücher, das Fernsehen oder das Internet.

Der Mensch als Sinnsuchender

Im Laufe der Geschichte befreite sich das Individuum Mensch zunehmend von zwei Abhängigkeiten: Zunächst wurde es von der Natur – zumindest relativ – unabhängig, später dann von der Gesellschaft.

Indem der Mensch sesshaft wurde und nach und nach ein soziales System aufbaute, aus dem sich erste Gesellschaftsformen bis hin zu den heutigen verschiedenen Kulturen herauskristallisierten, entfernte er sich immer weiter von der Natur und durchlebte dabei vier Phasen: Zuerst lebte er in der Natur, dann mit der Natur, dann neben der Natur und seit der Industrialisierung gegen die Natur.

Während er dadurch einerseits seinen Lebensstandard stetig erhöhte, wuchs andererseits aber auch eine neue Abhängigkeit heran: die gesellschaftliche. Letztere führte in der Neuzeit und besonders im 18. Jahrhundert zu einem Streben nach Befreiung von sozialen und politischen Abhängigkeiten sowie zu einer verstärkten Individualisierung und Selbstverwirklichung.

Gleichzeitig ist es gerade für die Betrachtungen in diesem Buch wichtig, einen menschlichen Umstand zu berücksichtigen, der uns durch die Geschichte begleitet und vielleicht gerade heute ein besonderes Augenmerk verdient. Je leichter es den Menschen fiel, zuverlässig für die Befriedigung elementarer Bedürfnisse wie Essen, Schlafen, Sicherheit und Nachkommenschaft zu sorgen, umso mehr konnten sie sich neben dem bloßen Überleben auch dem »guten Leben« widmen. Die Frage nach dem Sein und damit auch nach dem Sinn des Lebens allgemein, besonders aber nach dem des eigenen Lebens kam auf.

Im Zwiespalt

Gerade in dieser geschichtlich relativ jungen Auseinandersetzung mit sich selbst auf der einen Seite und der Gesellschaft auf der anderen Seite erlebt sich der moderne Mensch in einem inneren Grundkonflikt: Einerseits verspürt er das Bedürfnis nach Zugehörigkeit, andererseits nach Selbstbestimmung. Und obwohl wir diesen Konflikt häufig in einem sehr individuellen Verhältnis beziehungsweise Kompromiss ausleben, scheinen beide Bedürfnisse sehr tief in uns verankert zu sein und in unserer Lebensgestaltung eine zunehmend wichtige oder gar bestimmende Rolle zu spielen.

In meiner Arbeit mit Paaren muss ich mich mit diesem Thema praktisch täglich auseinandersetzen, und oft entspricht der Kompromiss des einen Partners nicht dem des anderen. Wo der eine glaubt, sich zugunsten der Zugehörigkeit, also der Partnerschaft, schon zu verbiegen und in seiner Selbstverwirklichung bereits Verzicht zu üben, sieht der andere vielleicht noch gar keinen Kompromiss. Diese Auseinandersetzung ist dann zwar sehr facettenreich, aber doch wie ein roter Faden in allen Bereichen der Partnerschaft erkennbar, bis in das Sexualleben des Paares hinein.

Vielleicht haben wir Jahrtausende an Befreiungsgeschichte, an Emanzipation und Überwindung verschiedenster Hürden gebraucht, um schließlich unserer möglicherweise größten Herausforderung zu begegnen: uns selbst.

Veränderte Normen

Während der Mensch sich früher mehr an äußeren Normen orientierte, gilt sein Augenmerk heute zunehmend den inneren, also »seinen« Normen. Beide haben sowohl Vorteile als auch Nachteile. Das frühere äußere Korsett engte nicht nur ein, es stützte auch. Und die heutige Tendenz zur Orientierung an selbst erkannten und angenommenen inneren Normen oder Werten bringt ja nicht nur mehr Spielraum, sondern verlangt erst einmal eine Anstrengung, eben diese für sich zu finden und zu bestimmen – nach dem Motto: Wer die Wahl hat, hat die Qual.

Die Emanzipation des Menschen drückt sich vereinfacht in zwei sich stetig und gleichzeitig verändernden Umständen aus: in der Befreiung von ursprünglich naturgegebenen und zunehmend gesellschaftlichen Abhängigkeiten und Normen und in dem wachsenden Verlangen nach Selbstverwirklichung und Individualisierung.

Auf den Seitensprung bezogen bedeutet dies, dass früher – und zugegebenermaßen auch heute noch häufig genug – eher das moralische Problem unter den Aspekten böse, schuldig, schlecht und dergleichen diskutiert wurde, während heute zunehmend die seelischen Probleme – Verletzung, Trauer, Wut, Angst – in den Vordergrund rücken und gerade diesbezüglich therapeutische Hilfe in Anspruch genommen wird.

Der Seitensprung ist inzwischen nicht mehr ein Problem der Gemeinschaft, sondern ein persönliches, privates und individuelles. Heute wird niemand mehr gesellschaftlich geächtet, wenn es zu einem Seitensprung kommt – das Thema erfährt eine gewisse Akzeptanz. Ob es sich beim Fremdgehen jedoch tatsächlich nur noch um ein Kavaliersdelikt handelt, möchte ich bezweifeln.

Seit 1969 ist der Ehebruch in Deutschland zumindest nicht mehr strafrechtlich relevant – zivilrechtlich gilt er als »unerlaubte Handlung«. 1977 fiel das Verschuldensprinzip bei Scheidungen weg, egal ob die Ehe durch Ehebruch oder sonstige Umstände scheiterte. Heute ist eine Ehe nur noch »zerrüttet« – ohne dass einem der Partner die Schuld zugeschrieben wird. Damit stellt der Seitensprung heute weniger ein rechtliches oder gesellschaftliches denn ein Paarproblem dar.

Sexualität als Entwicklungsprozess

Sexualität ist nicht statisch, sondern ein Prozess dauerhafter Entwicklung. Dabei zeigt sich die Geschichte des Seitensprungs zunehmend als Individualisierungsprozess. Spätestens im Vergleich zwischen Steinzeit und Neuzeit wird offensichtlich, dass sich der Mensch hinsichtlich seiner Bedürfnisse grundlegend verändert hat. Beim Ausleben seiner Sexualität musste er sich zu allen Zeiten mit zwei grundsätzlichen Umständen auseinandersetzen: zum einen mit seinem Inneren, also den Wünschen des Individuums, und zum anderen mit den äußeren Gegebenheiten, die auf die Verwirklichung der Sexualität einen starken Einfluss ausüben. Letztere könnten beispielsweise gesellschaftliche Normen sein, die je nach Epoche und Kultur sehr verschieden sind.

Folgende vereinfachte Darstellung kann helfen, praktisch auf jede Epoche und Kultur bezogen den möglichen Umstand einer sexuellen Außenbeziehung zu erfassen. Die konkrete Zuordnung der jeweiligen Faktoren für eine bestimmte Person ergibt dabei ein individuelles »Bild« des Potenzials und somit der Wahrscheinlichkeit für einen Seitensprung. Man könnte es quasi als eine Art »Fingerabdruck« bezeichnen, da die äußeren und inneren Faktoren so verschieden sind.

Äußere Faktoren	Innere Faktoren
Gesellschaftliche Normen (je nach Kulturkreis und Zeitpunkt)	Persönliche Bedürfnislage (Libido, Wünsche, Gewohnheiten etc.)
Gesellschaftliche Stellung (Status, Beruf, Machtstellung etc.)	Persönliche Anschauungen (Glaube, Moral, Ideologie etc.)
Beziehungsstatus / Familienstand (ledig, Single, verheiratet, in fester Partnerschaft etc.)	Konkrete Bereitschaft
Äußere Merkmale (Alter, Aussehen, Attraktivität etc.)	
Anbahnungsmöglichkeiten (Örtlichkeiten, Veranstaltungen, Medien etc.)	

Je mehr der Mensch sich individualisiert und sich dabei selbst in den Vordergrund gerückt hat, desto stärker war davon auch sein Sexualleben betroffen und entsprechend mit einbezogen. Die heutige westliche Frau ist nicht mehr bereit, sich nur im Inneren des Hauses aufzuhalten und sich ausschließlich dem Haushalt und Kindergebären zu widmen. Aber gerade durch die starke Emanzipation ist sie auch nicht bereit, das Fremdgehen als »Männerprivileg« stehen zu lassen.

Hat der Mensch heute also stärker die Tendenz, seine sexuellen Bedürfnisse außerhalb fester Beziehungen zu befriedigen? Dass es so zu sein scheint, kann man wohl bejahen. Aber warum ist das so?

Warum gehen wir fremd?

Das Bestreben, den Mangel an sexueller Befriedigung in einer festen Partnerschaft außerhalb dieser Beziehung zu kompensieren, ist zwar ein uraltes Thema – aber ganz sicher nicht veraltet. Zu oft begegnet es uns in den Medien und auch im eigenen Umfeld. Allein schon die Statistiken hierzu überraschen und machen den Seitensprung zunehmend zu einem Phänomen der heutigen Gesellschaft. Ein Phänomen, das zu interessant, zu spannend und häufig uns selbst zu nahe ist, als dass wir es ignorieren könnten. Möglicherweise hängt es mit den Veränderungen an der Struktur unserer Bedürfnisse zusammen, an den Veränderungen in den Bereichen Körper, Geist und Seele und deren Wechselwirkungen.

Wenn man sich die Angebote im Internet ansieht und weiß, dass die Nachfrage das Angebot regelt, scheint heute ein ausreichender Bedarf an Seitensprüngen vorhanden zu sein. Was aber bringt die Menschen dazu, nach einer Außenbeziehung zu suchen? Ob es sich dabei um einen One-Night-Stand, eine Affäre oder eine Zweitbeziehung handelt, ist zu Beginn der Suche meist (noch) nicht relevant und gar nicht selten auch der Veränderung unterworfen. Aus dem zunächst geplanten One-Night-Stand wird schnell eine länger dauernde Affäre oder Beziehung, die bisweilen die Kernbeziehung sogar völlig zum Erliegen bringen kann. Und war es dann wirklich nur Sex?

Konflikt zwischen Bindung und Unabhängigkeit

Offensichtlich befinden wir uns heute stärker denn je in einem grundsätzlichen Konflikt. Einerseits ist der Mensch ein soziales Wesen mit dem Wunsch nach einer festen Partnerschaft. Wäre er das nicht, könnten wir alle als Einsiedler in den Bergen oder auf einer einsamen Insel leben und bräuchten keine sozialen Kontakte. Das Bedürfnis nach Partnerschaft umfasst unter anderem den Wunsch nach Zugehörigkeit, Verbundenheit, Geborgenheit, Anerkennung, Bestätigung und Begehren. Andererseits steht demgegenüber das Bedürfnis nach Autonomie, Unabhängigkeit, Wachstum, Freiheit und allem voran nach Selbstverwirklichung. Der Mensch befindet sich in einem Dilemma, in dem sich die beiden grundsätzlichen Pole »Bindung« und »Unabhängigkeit« permanent gegenüberstehen. Im Grunde möchte er gern beides haben. Hat er eine Beziehung, fehlt ihm die Freiheit, und umgekehrt. Einerseits möchte er abends den Partner zu Hause vorfinden, Silvester nicht allein verbringen müssen, wissen, wo er hingehört, und sich irgendwo »angekommen« fühlen. Andererseits regt einen der Partner oft auch auf, weil mal wieder das Geschirr nicht weggeräumt ist oder er faul auf dem Sofa liegt. Manchmal ist man durch die bloße Anwesenheit des Partners schon genervt. Absprachen müssen getätigt werden, und häufig sehnt man sich gerade dann nach Freiheit und Unabhängigkeit. Danach, sich mit nichts und niemandem absprechen zu müssen, die Wohnung so einzurichten, wie man es selbst will, ohne ewige Diskussionen. Doch ist dieser »Idealzustand« eingetreten, geht die Sehnsucht scheinbar in die genaue Gegenrichtung. Kann man es denn überhaupt recht machen? Und wie sind die Menschen früher mit diesem Konflikt umgegangen?

Vielleicht wurden viele Dinge früher nicht so stark hinterfragt oder nicht konsequent weiterverfolgt. Die Bereitschaft zur Anpassung scheint wesentlich größer gewesen zu sein, als sie es heute ist. Der Drang, die eigenen Bedürfnisse auszuleben, ist für unsere heutige Gesellschaft sehr typisch; früher standen andere Bedürfnisse im Vordergrund. Am Beispiel der beruflichen Laufbahn kann man das sehr gut erkennen. Heute macht man eine Berufsausbildung oder entscheidet sich für ein Studium; wenn das nicht gefällt, bricht man es ab oder hängt eine andere Ausbildung, ein anderes Studium dran. Es ist heute keine Seltenheit, dass 40- und 50-Jährige eine Zusatzausbildung absolvieren – früher war das schlicht undenkbar. War man einmal Handwerker, war man immer Handwerker. War man einmal Steuerberater, war man immer Steuerberater. Heute kann ein Arzt Astrologe werden und ein Goldschmied Lehrer. Uns stehen diesbezüglich viel mehr Möglichkeiten offen, und zwar nicht nur im beruflichen Bereich – unendliche Möglichkeiten im doch endlichen Leben. Freiheit oder Bindung? Oder doch beides? Oder Freiheit innerhalb der Bindung?

Viele Menschen, viele Gründe

Unterschiedliche Menschen haben unterschiedliche Gründe für das Fremdgehen. Manchmal scheint es der einfache Weg zu sein, um eine nicht zufriedenstellende Situation zu kompensieren. Dabei könnte es sich beispielsweise um sexuelle Unzufriedenheit innerhalb der Beziehung handeln oder auch um eine allgemeine partnerschaftliche Unzufriedenheit. Vielleicht hat der Partner aber auch gar nichts damit zu tun, und derjenige, der fremdgeht, hat ein Selbstwertproblem – mit dem Seitensprung soll das Ego ein wenig »aufpoliert« werden. Oder es besteht ein Näheproblem, aufgrund dessen es dem Betroffenen schwerfällt, sich auf »echte« Bindungen einzulassen, oder möglicherweise erhofft man sich durch eine Affäre, die Distanz verspricht, eine gewisse Regulierung der Nähe zum eigentlichen Partner. Unabhängig davon, welchen konkreten Grund jemand für einen Seitensprung hat: Die Voraussetzung ist immer eine gewisse Bereitschaft und Offenheit dafür, diesen Schritt überhaupt zu gehen.

In diesem Zusammenhang stellt sich eine entscheidende Frage: Ist die Situation, die für einen (oder beide) Partner nicht zufriedenstellend war und zu einem Seitensprung führte, im Vorfeld innerhalb der Partnerschaft ausreichend kommuniziert worden? Konnte trotz aller Versuche keine Lösung beziehungsweise kein Kompromiss gefunden werden? Denn erst nachdem das Potenzial einer Partnerschaft wirklich ausgeschöpft wurde, kann der Seitensprung auch ein Weg sein, mit gegebenen, möglicherweise unveränderlichen Umständen umzugehen. Das ist zwar eher selten, kommt aber dennoch vor; wie genau diese Möglichkeit innerhalb der Partnerschaft umgesetzt und organisiert werden kann, bliebe im Einzelfall zu diskutieren.

Wenn der Leidensdruck zunimmt

Die Frage nach dem Warum des Fremdgehens beschäftigt die Betroffenen am meisten. Vielleicht noch nicht gleich zu Beginn einer Affäre, doch kommt in jeder Außenbeziehung einmal der Punkt, an dem man sich diese Frage stellt. Der (un)sichtbare Dritte macht sich möglicherweise Gedanken: »Warum tue ich mir das eigentlich an?« – vor allem dann, wenn der Wunsch nach mehr aufkommt. Der Aktive selbst stellt sich nicht selten die Frage: »Wie soll ich das weiterhin schaffen, ich werde doch niemandem gegenüber mehr gerecht?« Und spätestens dann, wenn die Affäre bekannt geworden ist, wird der Passive vom Aktiven eine Antwort fordern: »Warum tust du mir das an?«

All diese Fragen kommen in der Regel erst dann auf, wenn der Leidensdruck zunimmt. Und das tut er in den meisten Fällen. Je länger Außenbeziehungen andauern, desto mehr Leidensdruck entsteht. Die Ausnahmen, die die Regel bestätigen, sind eindeutig in der Minderzahl. Denn auch in Außenbeziehungen sieht man diese am Anfang durch die rosarote Brille. Alles fühlt sich zunächst spannend an, ist lebendig, etwas Neues, und weiter möchte man noch gar nicht denken.

Die Leichtigkeit überwiegt. Je länger Außenbeziehungen dauern, desto schwieriger wird der Umgang damit, und meist sehnen sich die Beteiligten irgendwann nach Klarheit und Entscheidungen.

Für die Frage nach dem Warum ist es relativ unerheblich, in welcher Rolle man sich befindet – in der des Aktiven, in der des Passiven oder in der des (un)sichtbaren Dritten. Selbst von außen, aus Sicht der Gesellschaft betrachtet, stellt sich die Frage nach den Gründen des Seitensprungs immer wieder. Eine allgemeingültige Antwort darauf gibt es nicht. Die sehr individuellen Gründe sind meist vielschichtig und nicht auf den ersten Blick erkennbar. Um ihnen auf die Spur zu kommen, müssen die Beteiligten über ein gewisses Maß an Reflexionsbereitschaft und auch Reflexionsfähigkeit verfügen.

Manchmal möchten Menschen ihnen auch gar nicht auf die Spur kommen, da dies auch immer Konsequenzen für die zukünftige Handlungsweise bedeutet. In dem Moment, in dem der Mensch die eigenen Verhaltensweisen wahrnimmt, erhebt er diese allein dadurch schon in sein Bewusstsein. Er gleicht sie mit den eigenen – und möglicherweise auch normativen – Moralvorstellungen ab und bewertet sie. Diese drängen sich ihm gewissermaßen als Wahrheit auf, die anerkannt werden will – der Zeitpunkt für Veränderung wäre gekommen.

Seitensprung als klar ausgesprochene Vereinbarung

Aus therapeutischer Sicht lohnt es sich immer, nach den Ursachen für einen Seitensprung zu suchen, denn nur dadurch kann herausgefunden werden, ob in einer Partnerschaft gemeinsam mit dem Partner etwas optimiert werden könnte oder ob das nicht der Fall ist. Letztlich bedeutet ein Seitensprung immer die Auseinandersetzung mit dem Partner. Und diese erfordert Motivation und auch eine gewisse Anstrengung oder Engagement von beiden Seiten.

Es sei denn, man hat sich für den Weg des Fremdgehens als dauerhafte Problemlösung entschieden. Dann stellen sich im

Zuge der Gleichberechtigung aber auch folgende Fragen: Gilt gleiches Recht für beide? Ist die Möglichkeit der Außenbeziehung wirklich explizit ausgesprochen und als Deal von beiden Partnern vereinbart und akzeptiert worden? Wo liegen die Grenzen? Leider ist es in der Praxis häufig der Fall, dass nur einer der beiden Partner für sich selbst den Entschluss gefasst hat, die Problemlösung im Fremdgehen zu suchen, weil er der Meinung ist, bereits alle Möglichkeiten innerhalb der Partnerschaft ausgeschöpft zu haben. Selten wurde das aber deutlich in dem notwendigen Umfang kommuniziert – dann fällt der Passive aus allen Wolken, wenn er vom Seitensprung des Partners erfährt.

Steffen (45) kommt nach langjähriger sexuell unzufriedener Ehe mit Birgit (38) zusammen. Sie war ebenfalls in einer langjährigen unglücklichen Ehe verheiratet. Die zwei haben sich in einer seriösen Partnersuchagentur im Internet kennengelernt und wurden schnell ein Paar. Es herrschte große Verliebtheit, bis Birgit nach einem guten Jahr herausfand, dass Steffen heimlich allein Swingerclubs besuchte. Birgit hatte immer das Gefühl gehabt, dass es sexuell zwischen ihnen nicht nur stimmen würde, sondern sogar etwas ganz Besonderes war. Nun brach für sie eine Welt zusammen: »Ich fühlte mit einem Mal, wie es mir den Boden unter den Füßen wegzog, wie mir schlecht wurde und ich in ein tiefes Loch zu fallen drohte. Es war wie im falschen Film. Ich habe ihm Vorwürfe gemacht und mich dennoch schuldig gefühlt.«

Steffens Standpunkt war folgender: Seiner Meinung nach hatte er Birgit mehrmals gefragt, ob sie mit ihm in einen Swingerclub gehen wollte. Nachdem das nicht der Fall war, räumte sich Steffen automatisch das Recht dazu ein – wenn Birgit schon nicht mitkäme, könne er ja wohl auch alleine gehen. Unglücklicherweise hatten die beiden das nie so klar artikuliert und besprochen. Ihr war nicht bewusst, wie wichtig das für Steffen war, und vor allem war die Konsequenz nicht klar.

Die Steinzeittheorie

Die verschiedenen Ansätze von Evolutionsbiologen, -psychologen und -forschern hinsichtlich geschlechtlicher Verhaltensunterschiede sind interessant, spannend, nachvollziehbar und nicht von der Hand zu weisen. Das Ehepaar Barbara und Allan Pease etwa hat es geschafft, mehrere Bestseller zu diesem Thema zu schreiben: Warum Männer nicht zuhören können, lügen und dauernd Sex wollen wird von ihnen ebenso evolutionär begründet wie die Frage, warum Frauen nicht einparken können, immer Schuhe kaufen wollen und ständig von der großen Liebe träumen. Auch das erfolgreiche Bühnenstück *Caveman* lebt von den Unterschieden zwischen Mann und Frau und hat schon ein beträchtliches Publikum zum Lachen gebracht.

Doch spätestens beim realen Seitensprung hört für die meisten Betroffenen der Spaß auf. Ob Theorien darüber, dass der Mensch möglicherweise von Natur aus einfach nicht monogam veranlagt ist, hilfreich sind, ist ebenfalls fraglich, führt man sich vor Augen, mit wie viel Schmerz und Leid Affären meist einhergehen.

Erzählt ein Therapeut – oder eine Therapeutin – einer Frau, die gerade vom Fremdgehen ihres Mannes erfahren hat, dass ihr Mann leider nicht anders konnte und evolutionsbedingt genau das tun musste, hilft ihr das vermutlich nicht weiter. Denn trifft im 21. Jahrhundert wirklich noch zu, was vor Millionen von Jahren in der menschlichen – und in diesem Fall in der männlichen – Natur angelegt wurde? Dagegen sprechen die Statistiken, denen zufolge die Frauen beim Fremdgehen mächtig aufholen. Dass Männer angeblich »besser« fremdgehen als Frauen, ist ebenso fraglich, auch wenn man immer wieder liest, Männer könnten Sex und Gefühle besser trennen. Sie haben es im Gegensatz zu den Frauen zwar offensichtlich eher gelernt, ihre Emotionen unter Kontrolle zu halten, vorhanden sind sie aber dennoch. Ich konnte bei meiner praktischen Arbeit bislang keinen großen Unterschied zwischen Männern und Frauen erkennen, wenn es um das Thema

»Seitensprung« ging – waren sie nun Aktive, Passive oder (un)sichtbare Dritte. Die Gefühle sind die gleichen.

Männer sind von Natur aus untreu!

Die »Steinzeittheorie« beim Fremdgehen wird in der Regel folgendermaßen begründet: Die Männer, Jäger und Sammler, erlegten ihre Beute anfangs mit bloßen Händen, später auch mit Speeren und Waffen. In ähnlicher Weise verhielten sie sich den Frauen gegenüber: Die nahmen sie einfach mit in ihre Höhlen, wann immer sie dies für nötig hielten. Sie sammelten so viele Frauen wie möglich, denn schließlich mussten sie ihre Gene weit streuen, um eine möglichst große Nachkommenschaft zu zeugen. Angesichts der hohen Säuglings- und Kindersterblichkeit sowie des durchschnittlichen Lebensalters von 30 Jahren war dies sicher eine angemessene Überlebensstrategie. Und darum ging es in erster Linie. Allerdings ist das schon einige Zeit her – die Steinzeit begann vor 2,6 Millionen Jahren!

Heute ist es wenig glaubhaft zu behaupten, seit damals habe sich nichts verändert. Da erscheint die These, dass Männer evolutionsbedingt einfach fremdgehen müssen, doch eher wie eine bequeme Ausrede. Wir leben heute nicht mehr in der Sippe, selten nur noch in Großfamilien – wenn überhaupt, dann nur noch in ländlichen Gegenden. Um das ausschließliche Überleben geht es heute – zumindest in den westlichen Industrienationen – auch nur noch in Ausnahmefällen. Grundbedürfnisse wie Nahrung, Wohnung und Kleidung sind zumindest in Deutschland sozialrechtlich gesichert. Die durchschnittliche Kinderzahl pro Frau liegt hier bei 1,2 bis 1,4 – je nach Bundesland – und variiert nur geringfügig. Vom »Genverteilungsbestreben« des Mannes, um möglichst viele Nachkommen zur eigenen Absicherung zu zeugen, kann angesichts dieser Bedingungen also keine Rede mehr sein.

Heute müssen Männer in der Regel auch nicht mehr jagen oder sammeln. Überhaupt hat sich seit der Steinzeit gesellschaftlich doch einiges verändert. Waren die Frauen früher darauf angewiesen, dass Mann das Mammut zum Grillen mit nach Hause brachte, gehen die Frauen heute selbst auf die Jagd. Sogar nach der Familiengründung bleiben viele Frauen heute nicht mehr lange zu Hause, sondern gehen recht bald wieder ihrem Beruf nach. Vielen von ihnen fällt es sogar sehr schwer, während der Schwangerschaft und in der Erziehungszeit finanziell von ihrem Mann abhängig zu sein.

»Das musste ja so kommen«

Gelegentlich hält sich die These, dass Männer früher oder später einfach fremdgehen müssen, recht hartnäckig. Manchmal wird diese These auch mit Pauschalurteilen über bestimmte Berufsgruppen verknüpft. Der Tenor ist dabei immer derselbe: »Das musste ja passieren.«

Während meines letzten Urlaubs lernte ich ein Ehepaar kennen: Er war als Arzt an einer großen Klinik tätig, sie war Hausfrau und Mutter von zwei gemeinsamen Kindern. Als wir eines Abends gemeinsam an einem Tisch saßen, erzählte sie mir beiläufig, sie wüsste jetzt schon, dass ihr Mann sie irgendwann einmal mit einer Krankenschwester betrügen würde. Das machten alle an der Klinik so, irgendwann hielten alle nach einer Jüngeren Ausschau. Sie würde dann die Blöde sein, die sich aufgeopfert, die Kinder großgezogen und den Haushalt geführt hätte. Als ich sie fragte, was sie denn tun würde, wenn ihre Prophezeiung einträte, sagte sie:»Dann würde ich ihn sofort verlassen, das ist doch das Allerletzte!« Ihr Mann saß die ganze Zeit etwas hilflos und betreten daneben. Auf meine Bedenken hin, dass man eventuell schon etwas genauer beleuchten müsste, warum er oder alle anderen Ärzte»so etwas« immer täten, pflichtete er mir heftig bei. Sie dagegen wurde regelrecht patzig und verwies auf einen Kollegen ihres Mannes, der erst vor Kurzem seine Frau nach 15 Jahren Ehe wegen einer Jüngeren verlassen hatte. Jemand anderes am Tisch traute sich dann noch zu sagen, dass es doch ziemlich unwahrscheinlich sei, dass jemand nach 15 Jahren Ehe seine Frau ausschließlich wegen einer Jüngeren verlässt, wenn sonst alles in Butter ist. Doch die Frau des Arztes blieb bei ihrer Meinung: »*Doch, nur wegen der Jüngeren, warum denn sonst!*«

Meiner Erfahrung nach gibt es keine Ausschließlichkeit, wenn es um Treue oder Untreue geht, weder auf das Geschlecht noch auf den Beruf oder andere persönliche oder soziale Bedingungen bezogen. Ob jemand fremdgeht oder nicht, hängt in erster Linie von der Einstellung des Einzelnen ab.

Unterschiedliche Libido

Als Libido bezeichnet man das bewusste sexuelle Verlangen des Menschen, das in der älteren Literatur mit Wolllust bezeichnet wird. Die Libido hängt von der Hormonproduktion ab. Ich gehe hier von einer intakten Libido aus, die nicht durch Krankheit oder Medikamenteneinnahme verändert ist.

Häufig berichten die Paare, die zu mir kommen, dass sie eine unterschiedliche Libido hätten, die offensichtlich nicht kompatibel sei. Ein Partner scheint »es« mehr zu brauchen als der andere. Und meist ist der Partner, der »es« mehr braucht, der Mann, was mit dem männlichen Sexualhormon Testosteron begründet wird. In meiner Praxis habe ich allerdings oft auch das Gegenteil festgestellt: Oft beklagen sich die Frauen darüber, dass ihr Mann »es« nicht zu brauchen scheint.

Über die Stärke der menschlichen Libido gibt es viele Theorien. Ihre Ausprägung ist von Mensch zu Mensch unterschiedlich und individuell auch vom Alter und anderen Faktoren abhängig. Heranwachsende Männer erreichen ihre Libidohöchstform ab dem Teenageralter und erhalten diese Leistungsfähigkeit bis um das 30. Lebensjahr. Danach nimmt die Libido kontinuierlich ab. Frauen hingegen erreichen erst um diesen Zeitpunkt ihre Höchstform, und die Libido kann auch danach noch lange erhalten bleiben. Nicht umsonst stehen Frauen um die 40 besonders hoch im Kurs – gerade bei wesentlich jüngeren Männern!

Auch Erfahrungen – zum Beispiel in Kindergarten und Schule sowie durch Eltern oder Freunde – haben Einfluss auf die Libido. Eine weitere Theorie besagt, dass man die Libido durch häufigen »Gebrauch« steigern könne; die Libido werde durch sexuelle Kontakte gewissermaßen trainiert. Würde dies wirklich stimmen, wäre dies eine gute Nachricht für Paare, die von sich behaupten, eine völlig unterschiedliche Libido zu haben: Sie könnten sich durch Trainingseinheiten aneinander angleichen und einen gemeinsamen libidinösen Nenner finden.

Interessant ist auch die Beobachtung, dass sich die Frage der unterschiedlichen Libido unabhängig vom Alter in einer neuen, frischen Beziehung kaum stellt. Ob mit 20, 30, 40, 50 oder 60 Jahren – zu Beginn einer neuen Beziehung ist die Libido extrem ausgeprägt. Fast kein frisch verliebtes Paar möchte das Bett jemals verlassen. Nach der sogenannten Verliebtheitsphase, die in den meisten Fällen zwischen sechs und zwölf Monate anhält, manchmal – je nach Beziehungsstruktur – aber auch Jahre dauern kann, flaut sie wieder ab. Und das ist auch gut so, kostet uns die Phase der »rosaroten Brille« doch eine enorme Energie, die kaum ein Mensch ewig aufbringen kann.

Bei Paaren, die eine unterschiedliche Libido als Grund für partnerschaftliche Konflikte bis hin zum Seitensprung angeben, lohnt es sich doch, genauer hinzusehen. Manchmal muss die Libido als brauchbare Ausrede dafür herhalten, dass man sich nicht um eine echte Auseinandersetzung mit dem Partner bemüht. Denn dass ein Partner »es« im Moment nicht so oft zu brauchen scheint, hat seine Gründe möglicherweise auch in anderen in der Partnerschaft schwelenden Konflikten.

Versäumtes nachholen

Wenn sich das Gefühl einstellt, sexuell im Leben etwas versäumt zu haben, und wenn daraus ein Nachholbedarf entsteht, stellt sich auch eine latente Unzufriedenheit ein – und dadurch bereits die potenzielle Bereitschaft, sich auf einen Seitensprung einzulassen. Das kann beispielsweise Paare betreffen, die sehr jung zusammengekommen sind und vor dieser Beziehung nur wenige oder gar keine sexuelle Erfahrungen sammeln konnten. Häufig handelt es sich sogar um die erste sexuelle Begegnung. Das ist an und für sich weder schlecht, noch muss es ein Problem darstellen. Die Herausforderung liegt darin, sich gemeinsam sexuell weiterzuentwickeln.

Julia (24) und Sven (24) lernten sich schon während ihrer Schulzeit kennen. Sie können nicht genau sagen, seit wann sie ein Paar sind, vielleicht seit etwa neun Jahren. Beide waren ungefähr 15 Jahre alt, als sie zusammenkamen. Es dauerte jedoch einige Zeit, bis sie miteinander schliefen; für beide war es das erste Mal. Beide haben schöne Erinnerungen an das Erlebnis, betonen jedoch, keine Vergleichsmöglichkeiten zu haben.

Inzwischen hat sich der gemeinsame Sex auf ein Mal pro Monat reduziert. Sven betont, dass dies nicht an ihm läge – er hätte gern mehr Sex mit Julia. Er ist es auch, der versucht, neue Ideen in ihr Intimleben einzubringen; er schwärmt von Sex-Toys und äußert offen den Wunsch, mit Julia in einen Swingerclub zu gehen. Er wünscht sich mehr Lebendigkeit beim Sex. Julia wiederum ist regelrecht schockiert von Svens Wünschen und reagiert darauf stark ablehnend. Sie brauche »so etwas« nicht und ist nicht bereit, darüber mit Sven zu diskutieren. Julia deutet Svens Wünsche als gegen sie persönlich gerichtet und unterstellt ihm, ein Problem zu haben – der Wunsch, einen Swingerclub zu besuchen, ist in ihren Augen nicht »normal«. Ihr reiche der bisherige Sex völlig aus; wenn Sven mehr wolle, müssten sie sich eben trennen.

Als Julia und Sven in meiner Praxis erschienen, war das der Stand der Dinge. Ihr Auftrag an mich lautete, den Schiedsrichter zu spielen und zu entscheiden, wer von beiden im Recht sei. Es versteht sich von selbst, dass ich das nicht als meine Aufgabe ansehe; ich richtete den Fokus auf Julias und Svens Wünsche und deren mögliche Vereinbarkeit.

Bei diesem Paar, das sehr jung und unerfahren zusammengekommen ist, hat sich im Laufe der Jahre eine Entwicklung ergeben, die individuell betrachtet weder gut noch schlecht ist. Sven ist experimentierfreudig und daran interessiert, dies in ihre sexuelle Beziehung einzubringen. Er hat den Mut, offen mit Julia darüber zu sprechen und seine Wünsche an sie heranzutragen. Julia tabuisiert das Thema »Sexualität« stark, weist Sven hinsichtlich seiner sexuellen Wünsche als »unnormal« zurück und reagiert beleidigt. Sie hat begonnen, ihn sexuell abzulehnen, was sich natürlich auch auf ihr derzeitiges Sexualleben auswirkt.

Für beide läge die Herausforderung darin zu prüfen, was im Sinne eines Kompromisses ohne Grenzverletzung möglich wäre. Wobei es hier um die individuellen Grenzen, nicht um gesellschaftliche Normen geht. Julia wurde stark christlich erzogen, über Sexualität sprach man in ihrer Familie nicht. Sie könnte im Sinne ihrer Weiterentwicklung prüfen, ob sie selbst ihre Grenzen ausgetestet und dadurch gesetzt hat oder ob sie vorgegebene Grenzen übernommen hat, ohne sie zu hinterfragen. In jedem Fall müssten sich Julia und Sven grundsätzlich mit dem Thema »Sexualität« auseinandersetzen. Dass Julia Sven ablehnt, kann nicht ohne Wirkung bleiben. Sven auf der anderen Seite sollte prüfen, wie wichtig ihm seine Bedürfnisse sind. Denn nur dann kann er sicherstellen, dass er sie nicht eines Tages anderweitig ausleben wird. Beide sind noch sehr jung; wenn sie es zulassen, werden sie noch viele Erfahrungen sammeln können. Gemeinsam oder vielleicht auch jeder für sich.

Grundsätzlich sind es jedoch nicht nur Personen, die keine oder sehr wenig sexuelle Erfahrung im Leben haben, die meinen, Versäumtes nachholen zu müssen. Manchmal kommt es auch vor, dass Menschen trotz eines reichen Erfahrungsschatzes das Gefühl haben, auf sexuellem Gebiet etwas zu verpassen. Von außen kann man dies schlecht beurteilen und schon gar nicht bewerten. Das subjektive Gefühl der betroffenen Person ist entscheidend und wird deren Handlungsweise auch immer entsprechend beeinflussen.

So mancher kommt dann plötzlich auf die Idee, noch einmal seinen »Marktwert« testen zu wollen, bevor es zu spät ist, weil entweder eine feste Bindung, etwa eine Heirat, ansteht, oder das Alter voranschreitet, oder er einfach das Gefühl hat, noch etwas »mitnehmen« zu müssen.

Viele Paare, die lange Zeit zusammen verbracht haben, stehen sich nach der sogenannten Familienphase, das heißt sobald die Kinder aus dem Haus sind, plötzlich wieder als Mann und Frau und nicht mehr als Vater und Mutter gegenüber. Dabei stellen sie dann fest, dass sie nun keine zwanzig mehr sind; die Endlichkeit des Lebens rückt stärker ins Bewusstsein.

Brigitte (51) und Werner (54) sind seit über 30 Jahren zusammen und haben drei Kinder. Das jüngste lebt noch im gemeinsamen Haus. Brigitte hat sich hauptsächlich um den Haushalt und die Kinder gekümmert, arbeitet aber seit einiger Zeit wieder halbtags in ihrem gelernten Beruf als Arzthelferin. Dort hat sie einen Patienten kennengelernt, es entwickelte sich eine Affäre. Werner ist beruflich sehr eingespannt und immer viel unterwegs; von der Affäre erfuhr er eher zufällig. Eines Tages rief ihn die Frau seines »Nebenbuhlers« an und erzählte ihm, dass seine Frau mit ihrem Mann eine Affäre habe.

Es folgten viele Auseinandersetzungen zwischen Brigitte und Werner. Bei ihren Gesprächen, die immer wieder in Streit eskalierten, kamen sie allein einfach nicht weiter. Vorwürfe, Anschuldigungen, Rechtfertigungen – all das wollte nicht mehr enden, die beiden schienen in eine Negativspirale geraten zu sein.

Nach einigen Sitzungen mit Brigitte und Werner war schnell klar, dass die beiden ihre Beziehung weiterführen wollten. Die Affäre war beendet, und es stellte sich heraus, dass Brigitte schon während ihrer Ehe oftmals den Eindruck gehabt hatte, sexuell etwas versäumt zu haben. Sie konnte nicht sagen, was das genau war, und sprach von »irgendeinem Gefühl« in ihr. Die gemeinsame Sexualität konnte durch Gespräche optimiert werden; Werner war inzwischen bereit, Brigitte die Affäre zu verzeihen. Durch die Veränderung innerhalb ihrer Partnerschaft wurde das Gefühl, nach etwas suchen zu müssen, von dem sie nach wie vor nicht wusste, was es war, in Brigitte spürbar kleiner. Allein Werners Bereitschaft, etwas zu verändern, und Brigittes Empfindung, sich wieder mehr als Frau zu fühlen, wirkten sich sehr positiv auf die Beziehung aus.

Über die Stränge schlagen

Folgendes Beispiel zeigt, dass es auch Menschen gibt, die sich nicht entsprechend altersgerecht entwickeln konnten, woraus ein erhöhter Nachholbedarf entsteht.

Mirko kam mit zehn Jahren nach Deutschland, wo er als Gastarbeiterkind aufwuchs. Sein äußerst dominanter Vater, ein klassischer Patriarch, war sehr streng, seine Mutter konnte sich ihm gegenüber nicht durchsetzen. Mirko hatte sich strengen familiären Regeln zu unterwerfen. Anfangs tat er sich schwer mit der deutschen Sprache und konnte sich auch kaum integrieren, weil der Vater gemeinsame Aktivitäten mit Schulfreunden nicht zuließ. Zeitweise war der Vater sogar sehr aggressiv und sorgte dafür, dass Mirko sich verstärkt um die Mutter kümmerte.

Mirko beschreibt die Situation, die auch in der Pubertät anhielt, heute als fehlende Entwicklungsmöglichkeit. Als er 19 war, kehrten seine Eltern in ihre Heimat zurück. Er wollte nach dem Abitur in Deutschland studieren. Nun war der junge Kerl im wahrsten Sinne des Wortes von der Leine gelassen und verhielt sich dementsprechend. Alles, was er versäumt hatte und andere in seinem Alter längst erlebt hatten, versuchte er nun nachzuholen. Dabei schlug er häufig über die Stränge: zu viel Alkohol, zu viele durchzechte Nächte, zu viele Frauen. Er wollte einfach seinen Nachholbedarf stillen.

Mirko hat das Versäumte sozusagen in einer Art »Zeitraffer« nachgeholt. Grundsätzlich ist ein solcher Nachholbedarf eine schwierige Situation, da es sich um einen subjektiv gefühlten Mangel handelt. Menschen lernen aus ihren Erfahrungen – schon als Kinder, noch mehr als Heranwachsende und weiter als Erwachsene. Jeder muss seine Erfahrungen letztlich selbst machen. Das zu unterbinden oder klein zu halten kann nicht der richtige Weg sein. Vielmehr scheint der Wunsch, Versäumtes nachzuholen, ununterdrückbar zu sein und doch irgendwann als echtes Bedürfnis hervorzubrechen. Besteht dann bereits eine Beziehung, kann dieser Nachholbedarf zur Gefahr für die Partnerschaft werden.

Jeder Mensch hat ein sexuelles Profil

Das sexuelle Profil eines Menschen bildet und verändert sich unter anderem aufgrund der Erfahrungen, die er im Laufe seines Lebens sammelt, und ist sehr individuell. Natürlich bedeutet das nicht, dass ein Mensch, der viele verschiedene sexuelle Erfahrungen im Leben gemacht hat, automatisch ein höher und vor allem ein weiter entwickeltes sexuelles Profil hat als jemand, der wenige Erfahrungen gesammelt hat und diese möglicherweise mit ein und demselben Partner. Wir haben anhand der Beispiele gesehen, dass der Zeitpunkt der gemachten Erfahrungen durchaus variieren kann, gefühlte »Versäumnisse« häufig jedoch als unerfüllte Sehnsucht durchbrechen und nach Erfüllung suchen. Das ist unabhängig davon, ob man sich in einer Beziehung befindet oder nicht.

Bei meiner Arbeit mit Paaren stoße ich jedoch immer wieder auf einen »sexuellen Umstand«, der nachdenklich macht:

> Was man im ersten Jahr einer Beziehung nicht macht,
> macht man in der Regel danach auch nicht mehr.

Offensichtlich spielt ab diesem »magischen« Zeitpunkt eine bewusste und aktive Auseinandersetzung mit der Sexualität bei manchen Menschen keine wesentliche Rolle mehr. Äußere Sicherheiten wie zum Beispiel das Zusammenziehen, eine Heirat oder Kinder scheinen sich nicht mit erotischer Spannung zu vertragen und wirken als Sex-Killer – wenn man dies zulässt. Man muss sich nicht mehr so anstrengen, denn die äußere – scheinbare – Sicherheit ist ja vorhanden. In die Sexualität schleicht sich Routine ein, die Partner scheinen zunächst zufrieden zu sein. Die Betonung liegt jedoch auf »scheinen«, denn irgendwann fällt ihnen auf, dass in ihrer Erotik etwas verloren gegangen ist. Der häufig erklärte Wunsch lautet dann, »das erotische Prickeln wieder einmal zu erleben«. Dieses Ziel zu erreichen hängt allerdings von der beiderseitigen Bereitschaft ab, dafür auch etwas zu tun. Beide Partner müssen etwas dazu beitragen, in ihrer Sexualität individuell und authentisch zu sein, und sich dabei auch bemühen, neue »Rezepte« auszuprobieren, anstatt jeden Tag das Gleiche zu essen. Und natürlich ist es viel einfacher, auswärts essen zu gehen, im Restaurant etwas völlig Neues serviert zu bekommen. Dabei gäbe es wirklich »Kochbücher« genug: Gibt man bei Google die Schlagwörter »Bücher über Sexualität« ein, erhält man millionenfach Treffer!

Die Lust an der Weiterentwicklung

Grundsätzlich sind Neugier und Abenteuerlust wunderbare menschliche Attribute. Hierbei geht es nicht so sehr um Versäumnisse oder Erfahrungen, die nicht gemacht wurden, sondern um die grundsätzliche Neigung des Menschen, sich weiterzuentwickeln. Unterschiedliche Menschen gehen dafür unterschiedliche Wege; innerhalb oder auch außerhalb einer festen Partnerschaft. Jeder benötigt andere Erfahrungen, aber sie haben doch alle eines gemeinsam: Weiterentwicklung. Was der Einzelne dafür braucht, kann ganz verschieden sein.

Ich persönlich gehe davon aus, dass wir Menschen auf der Welt sind, um zu lernen, zu verändern – gegebenenfalls auch uns selbst – und uns dadurch weiterzuentwickeln. Bewegung, Veränderung, Weiterentwicklung: Darin bestehen die Herausforderungen des Lebens. Neues ausprobieren, sich Anregungen holen, etwas von anderen lernen können: Wer weiß, was es da draußen alles gibt, von dem ich noch nichts weiß? – Für die persönliche Entwicklung ist dies ein spannender Ansatz. Im Rahmen einer Partnerschaft kann er jedoch auch ein sehr gefährlicher sein. Man muss prüfen, ob es sich um ein wirkliches Suchen im Sinne einer gesunden Weiterentwicklung handelt oder um eine reine Befriedigung des Egos. Ich habe in meiner Praxis oft erlebt, dass der Aktive einen Seitensprung aus reiner sexueller Abenteuerlust mit dem Argument abzuwiegeln versuchte, die Affäre müsse ja nichts bedeuten, der Partner davon nichts erfahren, sie würde deshalb auch niemandem wirklich wehtun. Aus meiner therapeutischen Sicht ist das jedoch nicht sehr realistisch, es gibt ausreichend Gegenbeweise. Möglicherweise bedeutet die Affäre wirklich nicht viel – doch häufig erfährt der Partner trotz aller Vorsichtsmaßnahmen davon. Handy, E-Mail und Internet bieten reichlich Möglichkeiten – auch Kontrollmöglichkeiten. Spätestens ab diesem Zeitpunkt gilt der Satz »Die Affäre tut doch niemandem wirklich weh« nicht mehr.

(Süße) Rache und andere selbstwertrelevante Themen

Rache mag im Zusammenhang mit einem Seitensprung zunächst etwas ungewöhnlich erscheinen, doch ist dieser Beweggrund nicht zu unterschätzen. Erfährt eine Person von der Außenbeziehung des Partners, entstehen dadurch häufig so große Enttäuschungen, Verletzungen und auch ein Vertrauens-verlust, dass der Wunsch aufkommt, Gleiches mit Gleichem zu vergelten. Meist liegt das am angeschlagenen Selbstwert-gefühl: Mit der Affäre will man einerseits das verletzte Ego wieder aufpäppeln und dem Partner andererseits zeigen, wie es sich anfühlt, betrogen zu werden. Ein Seitensprung als Racheakt kommt deshalb gar nicht selten vor. Versetzt man sich in die Lage des Passiven, dem tief Verletzten, ist diese Sicht der Dinge leicht nachzuvollziehen, jedoch bringt sie in den meisten Fällen nur noch mehr Probleme mit sich.

Marcel (29) hat seit einigen Monaten eine Affäre mit einer anderen Frau, weil er sich von seiner Freundin Jana (28) nicht mehr geliebt fühlt. Die Beziehung zwischen ihnen sei »ab-gekühlt«. Als Jana von der Affäre erfährt, ist sie so tief verletzt, dass sie sich ebenfalls einen Seitensprung sucht und dafür sorgt, dass Marcel dies seinerseits erfährt. Nun wiederum ist Marcel zutiefst gekränkt und kann nicht verstehen, dass Jana sich das gleiche Recht herausgenommen hat.

Marcel und Jana kamen in meine Praxis, als es bereits zu spät war, die Beziehung zu retten. Die Fronten waren verhärtet, es wurden nur noch Verletzungen und Vorwürfe ausgetauscht. Eine gemeinsame Basis war nicht mehr zu erkennen, ge-schweige denn zu stabilisieren. Jeder der beiden war der Mei-nung, der andere solle etwas tun: »Er muss aber ...«, »Sie muss aber doch zuerst ...« und immer so weiter. Zwischen den bei-den war einfach zu viel passiert, sie waren nicht mehr bereit, für ihre Beziehung einen neuen gemeinsamen Weg zu finden.

Vom Partner betrogen zu werden ist immer eine schmerz-hafte Erfahrung. Manchmal ist der Betrug gar nicht das Schlimmste, sondern vielmehr die Tatsache, dass man be-logen wurde, und das häufig über einen langen Zeitraum hin-weg. Meist ist ein völliger Vertrauensverlust die Folge. Beson-ders problematisch wird dieser dann, wenn er absolut erscheint und das Vertrauen nicht wiederhergestellt werden kann.

Die Eifersucht, die nach dem Betrug verspürt wird, lässt sich durch Rache jedoch nicht kompensieren. Gleiches mit Gleichem zu vergelten mag zwar zunächst das Ego etwas befriedigen, schützt aber nicht vor weiterer Eifersucht. Die bleibt beharrlich bestehen.

Grundsätzliche Selbstwertproblematik

Im Gegensatz zum Racheakt, einem temporären, also zeitlich begrenzten Selbstwertverlust, gibt es auch grundsätzliche Selbstwertproblematiken, die einen dauerhaften Charakter haben. Menschen, die ihren eigenen Wert nicht oder nur ungenügend kennen, neigen dazu, sich den fehlenden inneren Selbstwert im Außen zu holen. Dabei besteht die Gefahr, dass sich die Situation ständig wiederholt, weil die eigentliche Ursache umgangen wird.

Rolf (54) ist als Ausbilder in einem großen Unternehmen tätig, wo er überwiegend mit jungen Frauen zu tun hat. Er ist seit 21 Jahren verheiratet und hat immer noch regelmäßig zwei bis drei Mal die Woche Sex mit seiner Frau Angelika (49), in der er eine Frau »auf Augenhöhe« gefunden hat. Nach seiner eigenen Aussage gibt es in ihrer Ehe keine erkennbare sexuelle Unzufriedenheit. Trotzdem kommt es zwischen Rolf und seinen sehr jungen Kolleginnen immer wieder zu sexuellen Kontakten. Aufgrund seiner Familienstruktur litt Rolf schon immer unter starken Minderwertigkeitskomplexen. Da seine Frau Angelika ihn im Gegensatz zu seinen Auszubildenden nicht »grenzenlos« bewundert, sondern ihm gleichberechtigt gegenübertritt, genießt er seine Seitensprünge sehr, da sie ihm ein gutes Gefühl und ein stärkeres Selbstwertgefühl vermitteln, als er es bei seiner Frau hat. Er braucht das und kann nicht anders, sagt Rolf. Angelika weiß bis heute nichts davon.

Bei Rolf wäre es an der Zeit, an seinem geringen Selbstwertgefühl zu arbeiten, denn es ist nur eine Frage der Zeit, bis seine »Arbeitsverhältnisse« auffliegen. Und das hätte mit Sicherheit nicht nur persönliche, sondern auch schwerwiegende arbeitsrechtliche Konsequenzen für ihn, da die Auszubildenden in einem Abhängigkeitsverhältnis zu ihm stehen. Rolf braucht das Gefühl, bewundert zu werden. In seiner Ehe bekommt er das nicht in dem für ihn notwendigen Maße. Auf die sehr jungen Frauen wirkt er hingegen schon durch sein Alter und seinen Status attraktiv; hier kann er leicht beeindrucken. Es wäre seine Herausforderung, sich diesbezüglich weiterzuentwickeln und ein gutes Selbstwertgefühl auch in einer gleichberechtigten Partnerschaft zu finden.

Ein mangelndes Selbstwertgefühl kann seine Kompensierung nie im Außen finden, es betrifft immer das Innere des Menschen. Und es holt uns immer wieder ein – spätestens damit, dass wir älter werden und es einfach nicht mehr so viele Kompensationsmöglichkeiten im Außen gibt.

Autonomieverlust und andere näherelevante Themen

Autonom zu sein heißt selbstständig, selbstbestimmt und unabhängig zu sein und über Entscheidungsfreiheit zu verfügen. Auch innerhalb einer Partnerschaft. Man kann ein Paar sein, sich aber trotzdem vom Partner abgrenzen; Partnerschaft darf nicht automatisch die Auflösung des Selbst bedeuten. Dafür ist es wichtig, Bereiche nur für sich zu haben und diese auch zu konservieren, etwa eigenen Hobbys und Aktivitäten nachzugehen. Das ist bei einem Paar ohne Kinder noch relativ einfach zu verwirklichen. Schwieriger wird es, wenn Kinder vorhanden sind, die es naturgemäß erschweren, sich Freiräume zu schaffen. Besonders dann besteht die Gefahr, dass die familiäre Bindung zu eng wird; hier ist eine gute partnerschaftliche Kommunikation und Organisation gefragt.

In Beziehungen, in denen die Partner geradezu symbiotisch leben, also fast immer alles gemeinsam unternehmen, kann sich keiner der beiden richtig entfalten. Beziehungen, in denen die Partner hingegen stark autonom leben, krankt es häufig daran, dass beide kaum oder zu wenig gemeinsame Zeit miteinander verbringen und eine Art Parallelleben führen. Beide Varianten sind für eine Partnerschaft auf Dauer ungesund. Deshalb sollte ein Paar immer auf einen guten Ausgleich von Nähe und Distanz achten.

Jedoch ist es nicht immer einfach, die gesunde Mitte zu finden und dauerhaft beizubehalten. Im folgenden Beispiel stehen sich die beiden wichtigen Pole »Autonomie« und »Abhängigkeit« innerhalb einer Partnerschaft gegenüber:

Katrin (36) und Olaf (41) sind seit sechs Jahren zusammen. Sie haben eine zweieinhalbjährige Tochter und einen fünfjährigen Sohn und leben in einem Vorort von München in einem Reihenhaus. Die Rollenverteilung ist »klassisch«: Olaf, der als IT-Berater in Festanstellung arbeitet, verdient wesentlich mehr als Katrin, die gelernte Krankenschwester ist. Als Katrin mit ihrem Sohn schwanger war, entschieden sie gemeinsam, dass es schon aufgrund der notwendigen Schichtdienste in der Klinik für Katrin schwer werden würde, Job und Familie unter einen Hut zu bringen, und sie blieb daher nach der Geburt zu Hause. Ihr macht die Rolle als Mutter und Hausfrau auch viel Freude; sie tut es aus Überzeugung und von Herzen.

Olaf ist eher der Typ Einzelgänger; er hat nur wenige Freunde und keine Hobbys. Sein Bedürfnis, Zeit ohne Katrin zu verbringen, war nie sonderlich groß. Ihm reicht seine kleine Familie völlig aus. Katrin dagegen ist eine sehr lebendige, gesellige Frau mit großem Freundeskreis und vielseitigen Interessen. Zugunsten der Familie vernachlässigte sie das in den letzten Jahren allerdings stark. Immer wieder äußerte sie gegenüber ihrem Ehemann, sie vermisse die abendlichen Treffen mit ihren »Mädels« und wünsche sich mal wieder ein freies Wochenende ohne Mann und Kinder. Bei Olaf stößt das auf Unverständnis – er wünscht sich nach einer langen Arbeitswoche nichts sehnlicher, als gemeinsam Zeit mit der Familie zu verbringen. Ohne Katrin mache ihm das nur halb so viel Spaß.

Ab und zu setzt Katrin wenigstens einen Kinobesuch oder ein Abendessen mit ihren Freundinnen durch, ansonsten verzichtet sie darauf, ihrem Bedürfnis nach einem eigenen Lebensbereich nachzugehen, zugunsten von Olaf. Bei Katrin macht sich deshalb immer mehr Unzufriedenheit breit; sie fühlt sich eingeengt und zunehmend unter Druck gesetzt. Immer häufiger geraten die beiden in Streit, zu einer Einigung kommt es selten. Katrins und Olafs Bedürfnisse scheinen meilenweit auseinanderzuklaffen.

Als die beiden in meine Praxis kamen, war die Situation bereits sehr ernst. Katrin sagte, sie habe ihre Autonomie verloren. Olaf entgegnete, er tue doch alles für die Familie, und schließlich hatten beide das doch auch so gewollt. Er warf Katrin vor, sie nörgele nur noch an ihm herum und denke nur an sich; sie warf Olaf vor, er sei schuld an ihrer Unzufriedenheit.

Zunächst hielten wir fest, dass die Beziehung so, wie sie sich darstellte, nicht weitergehen konnte. Dafür waren die individuellen Bedürfnisse zu unterschiedlich. Im Laufe der gemeinsamen Arbeit fanden wir heraus, dass Olaf auch seine vorherigen Beziehungen sehr eng, fast symbiotisch, geführt hatte; er war immer stark auf seine Partnerinnen fixiert. So hatten es ihm seine Eltern von Anfang an vorgelebt. Bei Katrin war es völlig anders. Sie kommt aus einer großen Familie, in der schon früh jeder vielen eigenen Interessen und Aktivitäten nachgegangen war. Damit keiner der beiden sich verbiegen musste, um sich dem anderen anzunähern, lief es für Katrin und Olaf auf einen Kompromiss hinaus. Olaf nahm wahr, dass Katrins Wunsch nach eigener Zeit nichts mit ihm zu tun hatte. Im Gegenteil: Je mehr freie Zeit sie genießen konnte, desto lieber war sie danach wieder mit Olaf zusammen. Ihm gelang es, ebenfalls ein paar eigene Interessen zu finden, etwa das Kajakfahren. Und so konnten Katrin und Olaf einen guten

Kompromiss zwischen Familien- beziehungsweise Paar- und ihrem Individualbereich finden, der für beide lebbar war.

Wären sich die beiden nicht einig geworden, hätte sich wohl insbesondere Katrins Unzufriedenheit Wege der Kompensierung gesucht.

Die Balance von Nähe und Distanz

Immer wieder ist auch das Thema »Nähe« ein Grund für Seitensprünge. Das betrifft in erster Linie Beziehungen, in denen sich mindestens ein Partner nicht wirklich auf den anderen einlassen kann, auch nicht auf die für eine Partnerschaft notwendige Mindestnähe. Natürlich ist die Balance zwischen Nähe und Distanz nicht immer leicht zu halten. Es erfordert eine gute Wahrnehmungsfähigkeit zu spüren, wann es einem selbst – und auch dem Partner – zu eng wird, wann man mehr Nähe braucht und wo die Grenzen zwischen diesen beiden Zuständen sind.

Menschen, die aus ihrer Lebensgeschichte heraus näherelevante Themen mit sich herumtragen, die nicht immer leicht erkennbar sind, versuchen häufig, die eigentliche Ursache für ihre Probleme zu umschiffen, indem sie die Angst, sich wirklich einzulassen – auch und gerade mit dem Risiko, eine schmerzliche Erfahrung zu machen – durch Außenbeziehungen kompensieren. Dort ist eine wirkliche Nähe, ein echtes Einlassen nicht zwangsläufig erforderlich und notwendig. Dies bietet den Betroffenen vermeintliche Sicherheit.

Unzufriedenheit mit dem Partner

Unzufriedenheit in einer bestehenden Kernbeziehung ist meiner Erfahrung nach der häufigste Grund für einen Seitensprung. Der Mensch besteht aus Körper, Geist und Seele – und all diese Ebenen sind wichtig für sein Gedeihen und Wohlbefinden. Herrscht über längere Zeit ein Defizit in einem der Bereiche oder auch in mehreren gleichzeitig, entsteht Unzufriedenheit. Und diese sucht nach einem Ausgleich des Defizits. Häufig suchen Menschen in einer Außenbeziehung nicht nur nach einer Befriedigung ihrer zu kurz gekommenen sexuellen Bedürfnisse, sondern wollen Ungleichgewichte in Bereichen kompensieren, die man nicht auf den ersten Blick mit einem Seitensprung assoziieren würde.

Im Grunde geht es dabei immer um Sehnsüchte, ob diese nun bewusst oder unbewusst sind. Sehnsüchte will der Mensch befriedigt wissen, sie sind ein tiefes inneres Verlangen. Vielleicht treibt uns ja doch die Sehnsucht nach dem Eins-Sein an, wie schon Platon behauptete (siehe S. 21).

Ob die Unzufriedenheit die geistige, seelische oder körperliche Ebene oder auch mehrere gleichzeitig betrifft: Letztlich mündet sie fast immer in eine sexuelle Unzufriedenheit. Ob ein Partner den anderen geistig nicht fordert oder fördert, ob er ihm seelisch nicht nah oder nicht nah genug ist oder ob er ihn körperlich nicht oder nicht mehr anzieht, ja vielleicht sogar abstößt – all das wirkt sich am Ende häufig auch auf der sexuellen Ebene aus.

> Die Sexualität eines Paares ist auch ein Ausdruck oder ein Spiegel der Partnerschaft.

Geistige Unzufriedenheit

Immer wieder höre ich von Menschen, die eine Außenbeziehung führen, dass sie mit dem (un)sichtbaren Dritten ganz besondere, intensive und tiefgehende Gespräche führen können, wie das mit dem eigentlichen Partner entweder noch nie oder schon lange nicht mehr möglich war. Das kann ganz verschiedene Ursachen haben. Wichtig dabei ist, ob solche Gespräche mit dem Kernpartner noch nie wirklich geistig zufriedenstellend waren oder ob sich das ab einem gewissen Zeitpunkt geändert hat. In vielen Fällen krankt das Ganze daran, dass die Partner sich zu wenig Zeit dafür nehmen, sich in Gesprächen auseinanderzusetzen, weil immer andere Dinge wichtiger sind. Nicht selten ist die Arbeit, sind die Freunde, die Kinder oder die Hobbys wichtiger als der Partner. Dass man den Fernseher einschaltet, statt sich zu unterhalten, ist eine Angewohnheit, die sich mit der Zeit einschleicht. Meist macht sich all das erst dann bemerkbar, wenn der Zustand schon kritisch ist oder man durch Gespräche mit anderen Personen plötzlich feststellt, was einem gefehlt hat. Hinzu kommt, dass man von einem Menschen, den man gerade erst kennengelernt hat, am Anfang noch nicht allzu viel weiß – dann geht einem der Gesprächsstoff nicht so leicht aus. Schließlich will man auch erfahren, ob es gemeinsame Ziele gibt, ob die Beziehung tragfähig ist. Nach einigen Jahren ist es dann nicht mehr ganz so spannend zu erfahren, wie der Arbeitstag des anderen verlief oder welche Gedanken ihn bewegen. Dabei stellt gerade ein regelmäßiger Austausch eine gute Basis für eine echte Partnerschaft dar. Man erfährt, wie der Partner sich weiterentwickelt, und teilt sich auch selbst mit.

Hanne (46) erfährt von Roman (45) von einem Tag auf den anderen, dass er mit ihrer gemeinsamen Ehe, die sie seit acht Jahren führen, nicht mehr zufrieden ist. Und das bereits seit Längerem. Hanne fällt aus allen Wolken, denn für sie war die Welt bisher völlig in Ordnung, sie bezeichnete ihre Ehe als eine außergewöhnlich gute. Aus beruflichen Gründen müssen die beiden eine Fernbeziehung führen, Zeit für gemeinsame Gespräche gibt es wenig. Wenn sie sich sehen, sind andere Aktivitäten wichtiger. Dadurch entfernten sie sich immer mehr voneinander und führten jeder für sich ein Parallelleben. Die besondere geistige Verbundenheit, die sich früher durch nächtelange Gespräche über philosophische und andere Themen ausgezeichnet hatte, gibt es nicht mehr. Aufgefallen ist Roman das erst, als er im Jahr zuvor immer öfter mit einer Kollegin zusammensaß, mit der er sich sehr gut unterhalten konnte und schließlich eine Affäre einging.

Ein Verstehen auf geistiger Ebene ist für die meisten Menschen die Grundvoraussetzung für eine Partnerschaft. Schließlich will man ja nicht nur als Team funktionieren, sondern gemeinsame geistige Herausforderungen annehmen. Roman fehlten die Gespräche und die geistige Verbundenheit mit Hanne, die für ihn einen wesentlichen Teil ihrer Beziehung ausmachten. Er bemerkte dies, als er die Gespräche an anderer Stelle fand, versäumte es jedoch, mit Hanne darüber zu sprechen. Dadurch war Hanne nicht auf den Bruch vorbereitet, da es für sie keine ernsthaften Anzeichen für eine Gefährdung der Partnerschaft gab.

Seelische Unzufriedenheit

»Mein Partner versteht mich nicht« oder »Mein Partner sieht mich nicht« sind Sätze, die ich fast täglich höre. Daraus ergibt sich dann meist die logische Schlussfolgerung:»Ich glaube, wir passen nicht zueinander.«

Solche Aussagen können Anzeichen dafür sein, dass in einer Partnerschaft die seelische Nähe fehlt. Zumindest wird diese durch einen oder beide Partner als fehlend oder unzureichend erlebt. Aussagekräftig hierbei ist, ob und wann ein Paar sich einmal seelisch nah war. Vielleicht hat sich diese Verbundenheit verändert? Manchmal merkt man auch erst, was seelische Nähe bedeutet, wenn man sie wirklich erlebt hat.

Doch wann passt man seelisch zueinander? Eine Richtlinie, ein Gesetz oder eine Formel gibt es dafür nicht. Die Seele ist nichts Gegenständliches und damit nicht zu fassen. Manchmal wird sie mit Licht verglichen: Auch das kann man faktisch nicht sehen, sondern nur die Dinge, die es beleuchtet. Vielleicht kann man Seele deshalb auch als die Art bezeichnen, wie ein Mensch leuchtet – wie er im Leben mitspielt, wie er lacht, wie er sich bewegt.

Ähnlich wie bei einem Orchester, bei dem es auf das Zusammenspiel der einzelnen Instrumente ankommt, kann man bei einer Partnerschaft von seelischer Nähe sprechen, wenn es den beiden Partnern gelingt, ein stimmiges Zusammenspiel zu erzeugen.

Häufig wird im Zusammenhang mit Seitensprüngen auch das Wort »Seelenverwandtschaft« mit dem (un)sichtbaren Dritten verwendet. Stellt Seelenverwandtschaft also die Grundlage für gute Beziehungen dar? Geht es vielleicht auch ohne? Und ist seelische Nähe erlernbar? Bis zu einem gewissen Grad ist dies sicherlich der Fall, bei partnerschaftlichen Beziehungen allerdings sehr schwierig. Entweder nimmt man den anderen seelisch an oder nicht. Manchmal muss man auch einfach feststellen, dass zwei Menschen offensichtlich nicht oder nicht mehr zusammenpassen, obwohl beide danach streben, es (wieder) passend zu machen. Das ist an sich schon eine große Erkenntnis, und manchmal ist seelische Nähe in einem gewissen Umfang ausreichend.

Körperliche Unzufriedenheit

Auch im Zusammenhang mit körperlicher Unzufriedenheit kommt es darauf an, ob sich physisch bei einem oder beiden Partnern etwas verändert hat oder ob die Situation schon immer so war. Häufig versuchen Partner, einander umzuerziehen – sogar körperlich. Vielleicht hat sich aber auch innerhalb der Beziehung etwas verändert, was man nicht annehmen kann oder will.

Siggi (41) und Marlene (39) sind seit neun Jahren ein Paar, davon sieben Jahre verheiratet. Die beiden haben zwei gemeinsame Kinder. Als sie sich kennenlernten, wog Siggi 80 Kilogramm bei einer Größe von 1,80 Meter; man kann also sagen, er war schlank. Als sie sich trennten, wog Siggi 130 Kilogramm und war natürlich nicht gewachsen. Man kann also sagen, er entwickelte Adipositas (Fettleibigkeit). Das allein war nicht der Grund, doch wurde Siggi durch die Gewichtszunahme zunehmend träge und unflexibel – und seine äußeren Einschränkungen wirkten sich auch innerlich aus. Siggi veränderte sich dadurch in seiner Persönlichkeit, der ursprünglich aktive Mann wurde immer phlegmatischer. Die meiste Arbeit blieb an Marlene hängen. Gemeinsame Interessen wie etwa Sport wurden immer seltener ausgelebt. Schließlich litt auch das Sexualleben der beiden enorm darunter; zum einen war es aufgrund des körperlichen Umfangs fast nicht mehr praktikabel, und zum anderen verlor Marlene mehr und mehr das Interesse an Siggi als Mann. In ihren Augen wurde er zunehmend unattraktiv, was Siggi natürlich auch spürte. Marlene versuchte zwar immer wieder, mit ihm darüber zu sprechen, doch war er nicht bereit, an sich zu arbeiten und etwas zu verändern.

Marlene hat Siggi nach einigen Jahren des »Kampfes«, wie sie es nennt, verlassen. Es ist wichtig festzuhalten, dass Siggi sich im Laufe der Beziehung verändert hat. Warum nahm er 50 Kilogramm zu? War er unzufrieden und versuchte, durch die erhöhte Nahrungsaufnahme fehlende Wärme und Nähe auszugleichen? Zu retten wäre die Partnerschaft sicherlich nur durch eine gemeinsame Anstrengung gewesen, zu der Siggi aber nicht bereit war. So musste Marlene in ihrem Einzelkampf um die Beziehung kläglich scheitern.

Wenn ein oder beide Partner sich gehen lassen, kann das zu körperlicher Unzufriedenheit mit dem Partner führen. Oft stellt sich dann die Frage: »Bin ich es nicht (mehr) wert, dass mein Partner sich anstrengt?« Oder auch: »Ist es mir mein Partner nicht (mehr) wert, dass ich entsprechend auf mich achte?« Gerade in längeren Partnerschaften ist dies ein Thema. Kaum ist man zu Hause, wird die alte Jogginghose angezogen, weil die ja so viel bequemer ist. Man strengt sich nicht mehr an, für den Partner attraktiv zu sein – möglicherweise, weil man sich seines Partners zu sicher ist. Dennoch sollte man sich auch in längeren Beziehungen darum bemühen, sich seinem Partner gegenüber respektvoll und achtsam zu verhalten – und das betrifft die innere Einstellung ebenso wie die äußere Erscheinung.

Sexuelle Unzufriedenheit

Glaubt man der Studie des Göttinger Projektes *Theratalk*®, der zufolge 76 Prozent aller Männer und 84 Prozent aller Frauen, die fremdgehen, sexuelle Unzufriedenheit als Hauptgrund angeben, stellt sich durchaus die Frage, ob sexuelle Zufriedenheit dann eine wirksame Prophylaxe gegen das Fremdgehen darstellen würde.

Interessant sind aus meiner Sicht jedoch *alle* Gründe, die Menschen zu Außenbeziehungen bewegen; ich behaupte sogar, dass sexuelle Unzufriedenheit nicht der alleinige Hauptgrund für einen Seitensprung ist. Wenn ein Paar sexuelle Probleme hat, liegt dies vielmehr daran, dass sich Beziehungsprobleme immer auch auf die Sexualität auswirken. Meist ist sexuelle Unzufriedenheit das Resultat verschiedener Gründe, die sich im Laufe der Zeit angesammelt haben, und somit nur das Endergebnis. Stehen beispielsweise gemeinsame Kinder im ausschließlichen Mittelpunkt einer Partnerschaft, spielt der Mann oft nur noch die Rolle des Vaters und die Frau die Rolle der Mutter. Nehmen sich die beiden Partner dann nicht mehr als Mann und Frau wahr, sondern nur noch als Eltern, wirkt sich das immer stark auf die Sexualität aus. Offensichtlich steht die Sehnsucht nach der Vereinigung mit einem anderen Menschen, also die erotische Liebe, bei der Suche nach dem Urzustand des Eins-Seins, des Ganzen, weit oben, sodass gerade dieser sensible Bereich extrem »störungsanfällig« ist.

In Partnerschaften kommt es unvermeidbar vor, dass man verletzt oder verletzt wird. Das können beispielsweise Streitereien unter der Gürtellinie sein, bei denen es zu Beleidigungen kommt. Hier geht es dann um mehr als reine Auseinandersetzungen und häufig sind tiefe emotionale Verletzungen die Folge. Diese gären, werden sie nicht aus der Welt geschafft, im Verborgenen weiter, und gar nicht selten ergibt eine Summe aus Verletzungen einen sexuellen Rückzug, der nicht bewusst stattfinden muss.

Natürlich kommt es auch vor, dass ein Partner tatsächlich »nur« sexuell unzufrieden ist. Es gibt Paare, die sich richtig gut verstehen, die geistig auf einer Wellenlänge und sich seelisch nahe sind; sie haben nur ein Problem: den leidigen Sex! Diese Paare möchten unbedingt zusammenbleiben, fragen sich aber, wie sie ihre Sexualität verbessern könnten. Übrigens ist das gar keine Frage des Alters – im Gegenteil. Es kommen auch zunehmend junge Paare zu mir in die Praxis, die gerade in diesem Bereich Probleme haben. Sehr häufig besteht die Ursache in der Kommunikation, denn vielen Menschen ist es immer noch peinlich, über Sex zu sprechen.

Sexualität ist auch eine Form der Kommunikation innerhalb einer Partnerschaft.

Lydia (32) und Paul (35) sind seit sechs Jahren ein Paar, seit fünf Jahren ein Ehepaar. Beide gehen sehr liebevoll, sehr verständnisvoll miteinander um. Nähe zwischen ihnen sei kein Problem, Kuscheln auf dem Sofa, gemeinsame Badewannentermine sind an der Tagesordnung. Sie lieben sich, verstehen sich bestens, nur mit einem will es nicht so recht klappen: mit dem Sex. Anfangs hatten sie zwar Sex, doch ist das schon lange her. Irgendwie hat er sich allmählich aus der Beziehung geschlichen. Eigentlich hatten sie sogar seit ihrer Hochzeit so gut wie keinen Sex mehr. Das wollen sie jetzt ändern, darüber sind sich beide einig und signalisieren ihre Bereitschaft dafür.

Nach einem guten Jahr Beziehung verlor Paul zunächst seinen Job; mit dieser »Niederlage«, wie er es nennt, hatte er schwer zu kämpfen. Sex war zu diesem Zeitpunkt kein Thema für ihn. Lydia zuliebe schliefen sie zwar noch ab und zu miteinander, doch stellten sich bei Paul damals beginnende Erektionsprobleme ein. Lydia bemerkte das natürlich, sprach es aber nicht an; sie schonte Paul, indem sie ihre sexuellen

Ansprüche einschränkte und schließlich ganz zurückstellte. Sie wollte ihn nicht »bloßstellen«. Für Paul war das zunächst sehr bequem, denn er musste sich neben dem Jobproblem nicht noch zusätzlich mit seiner Sexualität auseinandersetzen. Mittlerweile hat Paul wieder eine neue Arbeitsstelle, und die beiden gehen ihren täglichen Aufgaben nach. Sie haben anspruchsvolle Berufe und sehr zeitaufwändige Hobbys. Über Sex wurde dennoch nicht mehr gesprochen, und die Jahre vergingen. Aufgrund der ansonsten sehr engen Beziehung stellten Lydia und Paul jedoch eines Tages fest, dass sich sexuell viel bei ihnen verändert hatte – und das sollte nicht so bleiben.

So kamen Lydia und Paul eines Tages zu mir. In den ersten Sitzungen arbeiteten wir heraus, wie die sexuellen Begegnungen am Anfang waren und was zur Veränderung beigetragen hatte. Gemeinsam stellten wir einen Stufenplan auf, bei dem keiner der beiden sich überfordert fühlte. Sie selbst bestimmten das Tempo. Je mehr Erfolgserlebnisse sie hatten, desto motivierter waren sie.

Für ein Paar, das seit etwa fünf Jahren keinen Sex mehr hat, ist es nicht einfach, sich diesbezüglich wieder anzunähern. Je länger die Phase dauert, desto schwieriger wird es.

Der Spiegel unserer Seele

Vor einem Seitensprung macht man sich in der Regel kaum Gedanken darüber, warum man das tut. Schließlich plant man das Fremdgehen ja häufig auch nicht, und es ergibt sich aus einer Gelegenheit heraus. Würde man sich jedoch vorher Gedanken über die Motive des Fremdgehens machen, könnte man wesentlich bewusster in einen Seitensprung hineingehen und sich den Konsequenzen stellen. Wichtig ist es daher vor allem, sich der Frage nach dem »Warum« zu stellen, denn nur durch die eigene Beantwortung dieser Frage kann man – wenn gewünscht – Veränderung bewirken.

Will man das Thema Seitensprung wirklich erfassen und verstehen, muss man den reinen Bereich der Sexualität auch mal verlassen und versuchen, den Menschen in seiner Komplexität zu betrachten. Es wirken wesentlich mehr Aspekte in das Erleben und Ausleben der Sexualität hinein, als man allgemein oder bewusst wahrnimmt. Neben den körperlichen Wahrnehmungen, die den Menschen schon in manchen Grenzbereich führen können, fließen häufig auch tiefere, seelische Empfindungen in das sexuelle Erleben hinein.

Es gibt wohl keinen vergleichbaren physischen Zustand, in dem man sich selbst nicht nur körperlich, sondern auch seelisch so intensiv erlebt wie beim Sex. Wenn man die Sexualität wirklich entsprechend lebt – man nicht versucht, es anderen recht zu machen, sondern ganz man selbst ist und sich nicht verstellt –, wird sie damit zum Spiegel unserer Seele, vielleicht sogar zum klarsten überhaupt: Man zeigt sich dann darin ganz – geistig, seelisch und körperlich – und nicht nach einem Bild, dass möglicherweise beim Partner besser ankommen könnte! Und gerade deshalb entblößt man sich wie in kaum einem anderen Umstand und nimmt sich als sehr verletzlich wahr.

> Sexualität ist ein Spiegel der Seele, vielleicht der »klarste« überhaupt!

Mehr denn je ist der bewusste Umgang mit der Sexualität heute ein Teil unserer Selbstbestimmung geworden.

Treue und Untreue

In vielen Trauungsreden heißt es: »...einander Liebe und Treue zu erweisen ... bis dass der Tod euch scheidet ...«. Was genau bedeutet das – grundsätzlich und für die jeweiligen Paare und Partner? Inwieweit haben sie sich vor ihrer Entscheidung zu heiraten Gedanken über die Bedeutung dieser Worte gemacht, und bei wie vielen der Partner ist diese Bedeutung auch dieselbe?

Die Philosophin Hannah Arendt sagte einmal, dass das Einzige, was uns abverlangt würde, die Treue zur Wirklichkeit und Wahrhaftigkeit sei. Auch persönlich war ihr das Thema Treue nicht ganz fremd. Sie kam mit 18 Jahren nach Marburg an die Universität, um dort bei Martin Heidegger, dem großen Philosophen, das Denken zu erlernen. Er war Mitte 30, verheiratet und hatte zwei kleine Kinder, als sie sich maßlos ineinander verliebten, was deshalb geheim gehalten werden musste. Um sein Hauptwerk »Sein und Zeit« zu publizieren, zog er sich in den Schwarzwald zurück und beendete von einem Tag auf den anderen die Beziehung zu Hannah, indem er sie einfach wie Luft behandelte. Das nicht ausdrückliche Beenden hatte für sie etwas Traumatisches, sie zog daraufhin in eine andere Stadt und hatte das Gefühl, dass ihre Beziehung vielleicht nie Wirklichkeit gewesen war – ein häufiges Problem bei heimlichen Beziehungen. Hannah war inzwischen in den USA selbst eine große Denkerin geworden, hatte aber bis zu ihrem Lebensende losen Kontakt mit Martin

Heidegger. Sie kannte ihn und seine Abgründigkeit wie sonst niemand und konnte ihn nehmen, wie er war. Sie verhehlte nie, ihr Herz an ihn verloren zu haben; er bezeichnete sie bis zum Schluss als »Passion seines Lebens«. Hannah Arendt hielt ihr ganzes Leben an ihrer Liebe zu Martin Heidegger fest. Zur Wirklichkeit menschlichen Lebens gehörte für sie die Treue.

Treue in der Partnerschaft beinhaltet Ausschließlichkeit

Das Wort »Treue« wird oft in einen Zusammenhang mit Partnerschaft oder Ehe gebracht. Symbole für feste Partnerschaften oder Ehen sind meist Ringe. In München, wo das traditionelle Dirndl zu Hause ist, wird anhand der Dirndlschürze symbolisiert, wie der Beziehungsstatus der Trägerin ist. Sitzt die Schleife links, bedeutet das: »Ich bin noch zu haben«, sitzt sie rechts, heißt es: »Ich bin bereits vergeben«. Offensichtlich gibt es Menschen, für die solche Symbole Klarheit schaffen – entweder als ermutigendes grünes Licht oder als respektvoll bremsendes rotes Licht.

Im alltäglichen Sprachgebrauch ist mit »Treue« auch eine Ausschließlichkeit verbunden, etwas Absolutes. Das impliziert bereits, dass man in einer Partnerschaft oder Ehe nur einer Person gegenüber treu sein kann. Freundschaften hingegen sind nicht an diese Ausschließlichkeit gebunden, da hier mit Treue eher Loyalität gegenüber dem Freund gemeint ist. Zwar ist Loyalität ein ebenso wichtiger Bestandteil von Partnerschaften, dennoch wird der körperlichen, sexuellen Treue letztlich die größere Bedeutung beigemessen.

Untreue – oft pauschal abgeurteilt

Je mehr ich mit Paaren zu diesem Thema arbeite, umso differenzierter, respektvoller und interessierter begegne ich dem Phänomen der Untreue. Dabei fällt mir zunehmend auf, wie pauschal und klischeehaft der Großteil der Gesellschaft diesem klassischen Paardrama gegenübersteht.

Wie verschieden kann uns die Untreue begegnen, wenn wir uns nur einmal fragen, wem gegenüber wir in unseren Handlungen in erster Linie verantwortlich sind. An welchem »Ursprungszustand« messen wir Treue? Und wie verantwortlich sind Partner einander im Hinblick auf ihre eigenen Absprachen und Abmachungen, also ihren »Ursprungskontrakt« (siehe S. 86)? Dabei geht es keinesfalls darum, in »sportlicher« oder gar leichtfertiger Weise Alibis für Fremdgeher zu finden, sondern sich der reellen Komplexität des Themas bewusst zu werden und sich somit von hartnäckigen Klischees und Vorurteilen zu befreien.

Jeder Mensch hat seine eigenen Vorstellungen von Treue und Untreue, die sich im Laufe des Lebens möglicherweise auch verändern. Menschliche Reife, Erfahrungen sowie Moral- und Wertvorstellungen tragen dazu bei. Ob Treue ausschließlich eine Stärke ist und Untreue immer eine Schwäche sein muss, kann man nicht pauschalisieren. Woran orientiert man sich bei der Bewertung? Am Äußeren, am Inneren oder an beidem?

Verfalle ich der Untreue nur deswegen nicht, weil ich keine Möglichkeiten dazu habe? Bleibe ich also mangels Gelegenheiten treu? Kann man dann von wirklicher Stärke sprechen?

Oder habe ich äußere Gelegenheiten, aber nutze sie bewusst nicht? Wie stark ist dann die Stärke? Wie viel Stärke gehört dazu, nicht schwach zu werden? Wenn ich der Untreue verfalle, bin ich dann automatisch schwach?

Wann ist ein Mensch überhaupt stark, und wann ist er schwach? Wie viel Schwäche und wie viel Stärke sind gut und notwendig?

Treue und Untreue können sowohl Schwäche als auch Stärke sein.

In Partnerschaften gilt doch vielmehr die Treue in der Bedeutung, die sie für die jeweiligen Partner hat. Je bewusster und klarer Treue als ein »Bekenntnis« abgelegt wurde, desto berechtigter wird man den »Bekenner« beim Wort nehmen dürfen und bei einem Treuebruch entsprechend zur Verantwortung ziehen können. Wo Untreue beginnt und Treue aufhört, muss jeder Einzelne für sich beziehungsweise auch jedes Paar für die eigene Partnerschaft selbst bestimmen.

Verschiedene Formen der Treue

Wem gegenüber wird man überhaupt untreu beziehungsweise wem gegenüber hält man eigentlich die Treue? Handelt es sich dabei immer um Menschen – also um Partner, Freunde oder auch uns selbst –, oder gibt es noch andere Formen von Treue?

Wenn wir die Begriffe »Treue« und »Untreue« verwenden, beziehen wir sie im Hinblick auf Partnerschaften fast ausschließlich auf den Umstand des klassischen Nichtfremdgehens beziehungsweise Fremdgehens. Treue wird mit dem Umstand verbunden, dass die Partner außerhalb ihrer Kernpartnerschaft mit keiner anderen Person sexuellen Aktivitäten nachgehen. Mit Untreue meint man also im Allgemeinen, dass einer der Partner ein sexuelles Erlebnis oder Verhältnis außerhalb der Kernbeziehung hatte oder hat. Meist erweitern und beziehen wir diesen Umstand ohne weitere Differenzierung auf den ganzen Menschen, sodass dieser einfach als »untreu« gilt. Letztlich rutscht dadurch auch die Beziehung selbst in den Schatten der Untreue. In Sachen Treue und Untreue wird also gern pauschalisiert – ohne Anspruch auf Genauigkeit und Klarheit.

Das Thema »Treue« beziehungsweise »Untreue« hat jedoch viel zu viel Tiefe, als dass man sich nicht genauer mit den Begrifflichkeiten beschäftigen sollte. Immer wieder erlebe ich in der Praxis, dass zwei Menschen dasselbe Wort verwenden, die Bedeutung des Wortes jedoch für beide ganz unterschiedlich ist. Wer gibt vor, wo Treue aufhört und Untreue beginnt? Im Grunde beginnt das Problem spätestens an dem Punkt, an dem es einem der beiden wehtut.

Norbert (54) ist ein charmanter und extrovertierter Mann, der sich in der Gesellschaft von Frauen durchaus wohlfühlt. Er ist seit 28 Jahren mit Karin (51) verheiratet, die beiden haben drei erwachsene Kinder. Es gibt viele Gelegenheiten, beruflich und privat, bei denen Norbert rasch mit anderen Menschen in Kontakt kommt. Darunter sind auch sehr viele Frauen, da Norbert, mit 1,94 Meter eine imposante Erscheinung, bei diesen gut ankommt. Dabei handelt es sich jedoch ausschließlich um Flirts; seine Frau hat er noch nie »betrogen«. Wenn Karin und Norbert gemeinsam unterwegs sind, beispielsweise auf einer Party oder Geburtstagsfeier, flirtet Norbert jedoch frei, woraufhin Karin immer wieder sehr missgestimmt ist. Irgendwann sprachen sie darüber, und Karin gelang es, Norbert verständlich zu machen, wie sie sich dabei fühlt. Es geht für Karin gar nicht um mangelndes Vertrauen, eher um das Gefühl der Bloßstellung. Sie wünscht sich, dass Norbert in solchen Situationen auch äußerlich zu ihr steht. Sein Verhalten verletzt sie. Für Norbert war daraufhin klar, dass er das nicht wollte; sie kamen überein, dass er sich in Karins Gesellschaft keine Flirts mehr erlaubt, wenn er allein unterwegs ist, allerdings die »Genehmigung« dafür hat.

So muss jedes Paar für sich einen Weg finden, mit den beidseitigen Bedürfnissen bestmöglich umzugehen. Hier ist das im Sinne eines guten Kompromisses geschehen, bei dem es keinen Gewinner und keinen Verlierer gibt.

Partnerschaftliche Treue

Bei der partnerschaftlichen Treue geht es, wie eingangs schon erwähnt, um das Einhalten von ausgesprochenen oder nicht ausgesprochenen Vereinbarungen innerhalb der Beziehung –

eine Art Kontrakt (siehe S. 86). Dieser Kontrakt spielt in Partnerschaften eine ganz besondere Rolle.

Im »Normalfall« wünschen sich die meisten Menschen in einer Beziehung absolute und ausschließliche Treue vom Partner. Allerdings muss man hier zwischen grundsätzlicher Treue im Sinne von Loyalität und sexueller Treue differenzieren. Am liebsten möchte man sicher beides voraussetzen können: Sich auf den Partner bedingungslos verlassen zu können, gibt Sicherheit und vermittelt Zugehörigkeit; man steht zueinander, in guten wie in schlechten Zeiten, und ist einander auch sexuell treu. Das ist vermutlich die Idealvorstellung der meisten Menschen. Doch leider scheitert deren Umsetzung in mindestens 50 Prozent der Beziehungen, wie die Fremdgehstatistik uns sagt – zunächst an der sexuellen Treue, doch oft auch an der grundsätzlichen Treue. Letzteres ist dann der Fall, wenn die Außenbeziehung mehr Raum einnimmt als geplant und wenn sich herausstellt, dass es doch nicht nur Sex war.

Sexuelle Untreue – und Treue

Kann man eigentlich »nur« sexuell untreu sein? Das hängt davon ab, ob man daran glaubt, dass der Körper von Geist und Seele unabhängig funktionieren kann. Doch auch dann bleibt die Frage, wann Untreue überhaupt beginnt. Es mag Menschen geben, die der Meinung sind, Untreue beginne erst im körperlichen Bereich, für andere beginnt sie schon beim bloßen Gedanken daran. Manche sind hinsichtlich der Sexualität etwas »großzügiger« – sie können mit einer körperlichen Untreue, nicht jedoch mit einer seelischen leben. Entscheidend wird sein, worum genau es sich bei der Untreue handelt: um einen Flirt, einen Kuss, um Berührungen oder doch um mehr, einen wirklichen Seitensprung. Dabei ist auch zu unterscheiden, ob es eine einmalige Sache, ein One-Night-Stand, oder eine länger dauernde Affäre beziehungsweise eine wirkliche Außenbeziehung war.

Die gemeinsame Absprache eines Paares ist wohl das Entscheidende, das zu einem möglichen »Gelingen« rein sexueller Untreue beiträgt.

Veronika (41) und Thorsten (37) sind seit vier Jahren verheiratet und beide in einem Seitensprungportal angemeldet. Das haben sie gemeinsam beschlossen und abgesprochen. Für beide ist das definierte Ziel, außereheliche sexuelle Erfahrungen zu machen, die sie jedoch in das gemeinsame Sexualleben als Nutzen einbringen wollen. Sie »arbeiten« im gleichen Seitensprungforum und jeder besitzt die Zugangsdaten des Partners, sodass eine gewisse Transparenz vorhanden ist, was sie bisher aber noch nicht genutzt haben.

Beide agieren im Netz getrennt voneinander und machen dabei auch verschiedene Treffen aus. Eifersucht scheint es zwischen den beiden nicht zu geben, da sie sehr klare Absprachen getätigt haben. Ein Teil dieser Vereinbarung ist eine detaillierte »Vorgangsbeschreibung« des Erlebten: wie es ihnen jeweils dabei ging, und was sie als anregend oder als abtörnend empfunden haben. Ein Tabu ist, eine emotionale Bindung aufzubauen.

Sex sei ihr liebstes Hobby, sagen sie. Deshalb investieren sie viel Zeit und Herzblut, ihre Sexualität dauerhaft auf einem hohen Niveau zu halten. Das ist ihnen sehr wichtig. Langeweile ist kein Thema für Veronika und Thorsten. Die Verwendung von Sex-Toys, leichte SM-Spielchen oder auch Treffen mit Dritten stehen genauso auf der Tagesordnung wie romantischer, zärtlicher und »unspektakulärer« Sex, den sie alleine genießen. Es sind die Mischung und ihr gegenseitiges Vertrauen, was es ausmacht und sie sexuell und somit als Paar zusammenschweißt.

Veronika und Thorsten praktizieren diese Art von sexueller Untreue seit einigen Monaten. Bisher ist es absprachegemäß gelaufen. Es stellt sich die Frage, ob dieses Niveau über einen längeren Zeitraum gehalten werden kann. Gegen tiefere Gefühle ist niemand gefeit und es erfordert bei beiden eine permanente Eigenkontrolle und Disziplin, dass es zu keiner emotionalen Bindung kommt. Für den Erhalt der Partnerschaft wäre es wichtig, eine sich anbahnende emotional tiefer gehende Außenbeziehung schon beim geringsten Aufflackern im Keim zu ersticken und den Hauptpartner in den Vordergrund zu stellen.

Grundsätzlich kann ich aus meiner bisherigen beruflichen Erfahrung schlussfolgern, dass es sich bei der sogenannten rein sexuellen Untreue jedoch nur selten um einen Umstand handelt, der sich in seinem Umfang und in seiner Auswirkung tatsächlich auf den physischen Bereich beschränken lässt. Ich bezweifle daher stark, dass man bei einer Affäre Körper von Seele und Geist trennen kann und somit ausschließlich körperlich-sexuell untreu ist. Das bedeutet im Umkehrschluss jedoch nicht, dass guter Sex nicht auch mit einem Fremden gelingt, den man nicht oder wenig kennt. Doch alles, was über einen One-Night-Stand hinausgeht, kann man wohl kaum als »nur« sexuell betrachten. Auch wenn sich das Paar in einer Affäre auf der geistigen oder seelischen Ebene nicht sonderlich nahe sein mag, wird die Begegnung das rein Körperliche doch immer übersteigen.

Nähe entsteht durch Begegnung.

Wenn Nähe durch Begegnung entsteht, muss man sich auch fragen, wie sich mehrere Begegnungen hintereinander auf die Nähe – das Ausmaß der Nähe und das individuelle Näheempfinden – auswirken können. Zu sehr, und häufig zunächst ohne dies bewusst wahrzunehmen, sind die Seitenspringer eben doch sprichwörtlich mit Leib und Seele dabei. Erkannt wird das oft erst später, und dann hat es meist auch ungeahnte Auswirkungen – auf alle Beteiligten. Dann geht es wirklich darum zu erkennen, was sich beim Aktiven durch die Erfahrung geändert hat beziehungsweise inwieweit der Passive mit dieser Veränderung umgehen kann. Die entstandene Kluft ist in der Praxis oft zu groß für eine Lösung, die erfolgreichen Therapien basieren meist auf der sehr klaren Bereitschaft zu Veränderung und Vergebung.

Treue zu sich selbst

Treue zu sich selbst bedeutet in erster Linie, zu den eigenen Sehnsüchten und zu den als wertvoll erkannten Richtlinien und Prinzipien zu stehen – und dadurch zu sich selbst. Doch was heißt das nun genau?

Es bedeutet, den eigenen Wünschen und Träumen nachzugehen, mit dem Ziel, sich diese zu erfüllen, und dadurch zu sich selbst zu stehen. Von außen betrachtet mag das manchmal egoistisch oder rücksichtslos erscheinen. Welche Prioritäten gesetzt werden und wie die goldene Mitte gefunden wird, muss letztlich jeder für sich selbst entscheiden. Mitunter kann es sogar bedeuten, dass man eine Partnerschaft oder Ehe beenden muss, um dem eigenen Weg weiterhin zu folgen. Es kommt auch vor, dass Menschen erst nach langer Zeit merken, wie sehr sie in ein Fahrwasser geraten sind und sich von äußeren Bedingungen wie Beruf, Familie und Kindern über das für sie verträgliche Maß hinaus haben steuern lassen.

Aber wie findet man heraus, was der wirklich richtige und eigene Weg ist? Wie erhalten wir Zugang zu Selbstfindung und Selbstbestimmung? Einer dieser Zugänge besteht sicherlich im gesunden Menschenverstand, andere sind Intuition, Meditation, Traumdeutung, vielleicht sogar Tagträume, die uns unsere tiefen Sehnsüchte und Wünsche offenbaren. Gleichzeitig werden wir bei der Suche nach dem eigenen Weg und der Treue zu uns selbst natürlich auch von äußeren Normen und Konventionen beeinflusst. Manchmal muss man einen hohen Preis zahlen, wenn man wirklich zu sich selbst stehen will.

Und ganz am Ende steht die Frage, ob wir nicht irgendwann auch etwas wirklich annehmen müssen – nämlich das, was wir haben –, um nicht stetig weiter auf der Suche nach etwas Besserem zu sein. Nach dem lukrativeren Job, dem schickeren Auto, dem geileren Sex. Die Differenzierung zwischen Egobefriedigung und echten Bedürfnissen zu vollziehen, wäre eine echte Herausforderung und dieser werden wir uns in der Zukunft noch häufiger stellen müssen.

Treue in Freundschaften

Während die Treue in einer Partnerschaft im Sinne eines Bekenntnisses ein bewusst und meist ohne längere Entwicklung aufgebauter Umstand ist – man könnte fast sagen, sie wird mit der Entscheidung, in eine Beziehung zu treten, als ein Bestandteil dieser »mitgeliefert« –, ist die Treue zwischen Freunden das Ergebnis eines Entstehungsprozesses, der irgendwann eine gewisse Qualität erreicht. Dem eher verbindlichen Charakter der Treue in der Beziehung steht zunächst ein unverbindlicher und freiwilliger in der Freundschaft gegenüber. Jedoch kann die Treue zwischen Freunden manchmal eine Tiefe erreichen, die so manche partnerschaftliche Beziehung in den Schatten stellt. Die Abgrenzung zwischen Partnerschaft und Freundschaft ist nicht immer leicht und kann, wie wir später noch sehen werden (siehe S. 85), ebenfalls zu Konflikten führen.

Treue in der Familie

Da es sich bei Familie und Verwandtschaft um Schicksalsbeziehungen handelt, in die man hineingeboren wird, begegnet man darin dem Umstand der Treue in einer zunächst unfreiwilligen Form. Erst im Laufe der Zeit und abhängig von entsprechenden Erlebnissen im Familiengefüge kann sich dann eine freiwillige Treue entwickeln. Dadurch fällt das Spektrum der Treue innerhalb des familiären Rahmens sehr unterschiedlich aus. Dem Treueverständnis in solchen Familiensystemen haftet gern das Image einer besonderen Bindung an, getreu dem Motto: »Blut ist dicker als Wasser«.

Treue zu Werten und Idealen

Anders als bei den vorherigen Treueformen geht es hier nicht um die Treue zu Personen, sondern beispielsweise um die Treue zum Beruf, zur Zugehörigkeit zu Vereinen oder Organisationen, aber auch zu Lebenseinstellungen.

Lutz (45) ist seit 20 Jahren mit Regina (42) verheiratet und beide haben eine gemeinsame Tochter (14). Die Familie lebt die Werte eines konservativen Bürgertums, was neben einem eigenen Haus zwei lebenslang sichere Jobs bedeutet – beide haben einen hohen Beamtenstatus und sind bis an die Zähne abgesichert. Finanziell ist alles im grünen Bereich, da kann nichts mehr schiefgehen. Allerdings gibt es doch einen Haken an der Sache: Lutz' und Reginas Ehe. Lutz hatte nie einen Kinderwunsch, dennoch setzte sich Regina bei ihm durch. Seit die Tochter auf der Welt ist, sei die Beziehung tot, so Lutz. Es gäbe seither keinerlei Sexualität mehr zwischen ihnen. Die beiden hätten jedoch einvernehmlich beschlossen, des Kindes und der vielen Sicherheiten und Annehmlichkeiten wegen weiterhin zusammenzubleiben.

Lutz ist viel im Internet, hat sich dort auch schon mehrmals verliebt und reiht eine Affäre an die andere. Im Grunde benimmt er sich wie ein Single; er lebt sich aus und führt mit den jeweiligen Freundinnen oft sogar ein Doppelleben. Dabei behauptet er von sich, auf der Welt gäbe es keine treuere Seele als ihn. Er würde sich niemals von Regina trennen, davon hält ihn sein Sicherheitsdenken ab. Regina und Lutz haben ein Abkommen über eine offene Beziehung getroffen; Lutz geht davon aus, dass Regina ebenfalls mehrere Affären hat. Doch Genaueres wissen beide nicht, und so soll es auch bleiben.

Nun könnte man sich fragen, wem gegenüber Lutz treu ist. Er selbst hält sich für die treueste Seele der Welt. Ganz bestimmt sind Lutz und Regina ihrem Sicherheitsdenken gegenüber treu. Die beiden liegen noch im selben Bett und sitzen gemeinsam am Frühstückstisch, auch wenn da nur noch Kälte ist, wie Lutz sagt. Der Leidensdruck hat den Wert der Sicherheit noch nicht überstiegen. Nach außen wahren sie die Form der Familie, der sie trotz ihrer Außenbeziehungen absolut treu bleiben.

Potenzielle Treuekonflikte

Nachdem sich kaum jemand ausschließlich in einem einzigen Treueverhältnis befindet, kann es auch zu Konflikten innerhalb der jeweiligen Treuehierarchie kommen. Das kann zum Beispiel der klassische Fall sein, dass ein Paar Weihnachten gemeinsam feiern will, aber zugleich auch mit nahen Verwandten wie Eltern oder Geschwistern. Also stellt sich die Frage: zu den Eltern oder zu den Schwiegereltern? Hier gilt es, innerhalb der jeweiligen Treuehierarchie eine Lösung zu finden. Auch zwischen Beruf und Familie kann es zu einem Treuekonflikt kommen: Ein Arzt, der auf der einen Seite mit Leib und Seele seinen Beruf ausübt, hat auf der anderen Seite vielleicht eine Ehefrau, die sich vernachlässigt fühlt, weil sie in der Treuehierarchie erst an zweiter Stelle steht.

Doch kann man in diesem Zusammenhang überhaupt von Treuehierarchie sprechen? Ist die Treue zu einem Menschen automatisch höherwertiger als die Treue einer Sache oder Tätigkeit gegenüber? Dies muss letztlich auch jeder für sich selbst entscheiden. Die Wertigkeit der verschiedenen Treueformen innerhalb der individuellen Hierarchie variiert von Mensch zu Mensch. Manchmal geht es um einfache, sehr pragmatische Dinge, manchmal auch um hohe Ideale.

Meine Treue muss nicht deine Treue sein.

Treue und Ursprungskontrakt

Grundsätzlich ist eine funktionierende Kommunikation innerhalb der Partnerschaft immer am wichtigsten, um späteren Missverständnissen und Konflikten bestmöglich vorzubeugen. Ein Paar sollte klare Absprachen und Regelungen treffen. Das kann der Umgang mit bestimmten Situationen sein oder auch mit Werten, Vorstellungen und dergleichen mehr. Dies könnte man auch als eine Art Vertrag bezeichnen, der in der Paartherapie »Ursprungskontrakt« genannt wird.

Hierein fallen unter anderem auch die Vorstellungen, die Partner zum Thema Treue haben und welchen Stellenwert diese innerhalb der Partnerschaft einnehmen soll. Leider ist es sehr oft der Fall, dass die Regeln und konkreten Bedürfnisse der Partner zu keinem Zeitpunkt wirklich detailliert und ernsthaft kommuniziert, sondern nur grob oder beiläufig besprochen wurden. Das kann zu Missverständnissen führen, weil viele in der Regel davon ausgehen, dass das, was für sie in Ordnung ist, auch für den anderen in Ordnung sein wird. In der Realität sieht das häufig ganz anders aus und führt gerade bei Seitensprüngen im Nachhinein zu großen Schwierigkeiten. Auf jeden Fall wird ein Seitensprung des aktiven Partners beim passiven Partner immer zu einer Verletzung führen, unabhängig davon, ob es einen diesbezüglichen Ursprungskontrakt zwischen dem Paar gibt oder nicht.

Wurde die sexuelle Treue jedoch klar definiert, wird das Ausmaß der Untreue umso größer, je stärker der Bruch des Ursprungskontraktes ist. Auf das Sexualleben des Paares bezogen, wird ein Flirt außerhalb der Beziehung sicherlich weniger verletzen als ein Seitensprung oder mehr. Und wie bereits erwähnt, wird es auch darum gehen, ob es sich um den Bruch zuvor eindeutig artikulierter oder stillschweigend vorausgesetzter Regeln handelt.

Meist gestaltet sich der therapeutische Umgang mit Konflikten auf der Basis klarer Ursprungsvereinbarungen leichter, weil in diesem Fall der Lösungsansatz schneller und konkreter erarbeitet werden kann. Der »Fall« ist gewissermaßen klar, sodass es vor allem darum geht, ob der Verletzte bereit beziehungsweise in der Lage ist zu verzeihen.

Die Arbeit mit Paaren ohne klare Ausgangsbasis gestaltet sich hingegen oft schwieriger, da es zunächst darum geht, Missverständnisse zu klären. Was der eine noch im Rahmen der nie wirklich artikulierten Regeln sieht, liegt beim Partner nicht selten schon deutlich außerhalb dessen; das erlebe ich in der Praxis immer wieder.

Unterschiedliche Auffassungen von Treue

Ulrike (32) und Olaf (34) sind seit zwei Jahren ein Paar. Von Anfang an sprachen sie detailliert darüber, was ihnen innerhalb ihrer Partnerschaft wichtig ist. Ehrlichkeit, Treue und Verlässlichkeit standen für beide ganz oben. Zudem gibt es eine Absprache darüber, rechtzeitig über Themen zu sprechen, die zunächst zwar den Einzelnen betreffen, letztlich aber Auswirkungen auf die gesamte Partnerschaft haben könnten. Das verstehen Ulrike und Olaf unter Beziehung und Partnerschaft, und beide verlassen sich diesbezüglich fest aufeinander.

Bei diesem Fallbeispiel handelt es sich um eine »klare Treue«. Es wird sehr deutlich, was sowohl Ulrike als auch Olaf mit Treue meinen: offen miteinander zu sprechen und umzugehen. Sie haben das in einem Ursprungskontrakt – einer Absprache, einem Pakt, einem Vertrag – gemeinsam vereinbart. Man könnte deshalb von einem Treuebruch sprechen, wenn sich einer der beiden nicht an den Kontrakt hielte. Dann würde natürlich auch ihr Vertrauen zueinander erheblich in Mitleidenschaft gezogen.

Achim (46) ist seit zehn Jahren verheiratet und hat seit vier Jahren eine Affäre mit Tina (38); genauer gesagt handelt es sich dabei um eine schon längere Zeit andauernde Dreiecksbeziehung. Achims Frau weiß nichts von seinem Doppelleben. Achim und Tina diskutieren immer wieder über seine Ehe, die er nicht aufgeben will, zumal er auch Kinder hat. Dennoch will Tina die Beziehung zu ihm nicht beenden. Tina hat keinen festen Partner neben Achim – das denkt zumindest Achim. Allerdings beklagt sie sich darüber, keinen notwendigen Ausgleich zu haben – Achim habe quasi zwei Frauen, sie nur einen halben Mann.

Dann lernt Tina Jan kennen, der ebenfalls gebunden ist, und beginnt mit ihm ein sexuelles Verhältnis. Sie treffen sich nicht sehr häufig, doch findet Tina, dass die Affäre mit Jan sie auf »Augenhöhe« mit Achim bringt. Sie bewegt sich ihrer Ansicht nach völlig auf »legalem« Boden. Schließlich hat Achim ja auch seine Frau, mit der er gelegentlich noch schläft, wie sie von ihm weiß.

Achim, der sehr sensibel ist, merkt, dass sich etwas verändert hat, und spricht Tina direkt darauf an. Weil die beiden immer sehr ehrlich zueinander sind, erzählt Tina ihm von Jan. Achim reagiert enttäuscht und verletzt, was Tina zunächst überhaupt nicht nachvollziehen kann. Lange diskutieren sie darüber, was in Bezug auf ihre Treue zueinander zwischen ihnen kommuniziert und ausgehandelt war und wie sie nun mit der gemeinsamen Untreue umgehen wollen.

Tina und Achim sind ein Beispiel für »unklare Treue«, in diesem Fall innerhalb der Untreue. Jeder legt für sich, für das »Ich«, eine nicht explizit ausgesprochene Vereinbarung zum Thema Treue zugrunde, die jedoch auf die Partnerschaft, auf das »Wir«, einen erheblichen Einfluss ausübt. Die beiden Ichs haben für das Wir gedacht und gehandelt.

Achim war automatisch davon ausgegangen, dass Tina selbstverständlich allein bliebe, wenn er sie verließ, um zu seiner Familie nach Hause zurückzukehren. Doch gerade in diesen Momenten war Tina besonders traurig, was sie durch ihre Zweitaffäre mit Jan zu kompensieren versuchte. Achim, der seine Frau nicht verlassen will und deshalb keine ausschließliche Partnerschaft mit Tina haben wird, verstand ihre Beweggründe im Nachhinein gut. Es fiel ihm allerdings schwer,

Tinas Wunsch nach weiteren Partnern mit seiner Ehe gleich-
zusetzen: Seine sexuellen Kontakte betreffen ausschließlich
zwei Personen, denn es handelt sich bei ihm »nur« um eine
konkrete Person neben Tina, nämlich seine Frau. Tina möchte
diesbezüglich aber ungebunden sein, denn sie sieht in Jan
keinen potenziell langfristigen Partner und will sich nicht darauf festlegen, ob nach Jan nicht ein weiterer Mann in ihr
Leben tritt. Achim und Tina gelang es schließlich, folgenden
Kompromiss zu finden: Sie bekam von Achim die Legitima-
tion, sich auch mit anderen Männern zu treffen, wobei er sich
allerdings ausbat, davon keine Kenntnis haben zu wollen.

*Miriam (44) und Christoph (50) sind seit fünf Jahren ein Paar.
Beide waren vorher schon einmal in erster Ehe verheiratet.
Zu Beginn ihrer Beziehung lebten sie eine, wie sie es ausdrücken, »konservative Sexualität«: Sie schliefen regelmäßig
miteinander, mehr aber auch nicht. Durch Gespräche und
regelmäßigen Austausch stellten sie fest, dass beide sexuelle
Wünsche haben, die dritte Personen miteinbeziehen würden.
Nun stellte sich die Frage der Umsetzung und wie sie unter
dem Aspekt der Treue damit umgehen sollten.
Miriam und Christoph wagten den Versuch, gemeinsam in
einen Swingerclub zu gehen. Als sie daraufhin ihre Gefühle
prüften, gelangten sie zu der Ansicht, dass ihr gegenseitiges
Vertrauen groß genug war, um das weiterhin gelegentlich zu
praktizieren. Im Swingerclub lernten sie Gleichgesinnte kennen, manchmal treffen sie sich auch im privaten Rahmen mit
anderen Paaren. Treue ist für sie diesbezüglich kein Konfliktthema.*

Als Miriam und Christoph sich kennenlernten, wussten beide
nichts von ihren gegenseitigen sexuellen Wünschen und ihrer
gemeinsamen Entwicklung. Sie bestimmten nicht von Anfang an, dass sie ihre Sexualität eines Tages so ausleben würden. Doch durch ehrliche und intensive Kommunikation und
den Mut, etwas auszuprobieren, veränderte sich die Defini-

tion von Treue für die beiden. In diesem Fallbeispiel wäre das »klassische« Verständnis von Treue sicher fehl am Platze, denn hier geht es vielmehr um Vertrauen.

Veränderter Zeitgeist

Ebenso wie andere gesellschaftliche Normen und Werte hat sich im Laufe der Zeit auch das »klassische« Verständnis von Treue und Untreue verändert. Zeitgemäß umgehen kann man mit den Begriffen demnach nur, wenn man sie auf den Einzelfall bezieht, auf ein konkretes Paar und dessen Beziehung. Treue und Untreue müssen stets individuell betrachtet werden. Was für das erste Paar, Ulrike und Olaf, passend erscheint, muss nicht auch gleich für das zweite Beispielspaar, Miriam und Christoph, gelten. Jeder sollte für sich bestimmen, was Treue und Untreue für ihn bedeuten, und das kann und darf sich im Laufe des Lebens oder während einer Beziehung durchaus auch verändern. Dazu tragen der persönliche Reifungsprozess, die gesammelten Erfahrungen sowie die individuellen Moral- und Wertvorstellungen bei.

In jeder Partnerschaft besteht der Anspruch und auch die Herausforderung, sich mit dem Thema »Treue« auseinanderzusetzen. Denn gerade anhand der partnerschaftlichen Definition von Treue kann man den Zeitgeist besonders gut beobachten: Ist es heute überhaupt noch realistisch, ausschließlich einem Partner dauerhaft treu zu sein? Der Zeitgeist hat sich gewandelt und fordert uns dadurch heraus, uns ebenfalls zu hinterfragen. Inwieweit das notwendig ist und sein kann, muss jeder für sich selbst bestimmen.

Internet - leich-
ter geht's nicht!

Laut der *ARD/ZDF-Onlinestudie 2010* gehen in Deutschland fast 50 Millionen Menschen ab einem Alter von 14 Jahren online, über drei Viertel von ihnen täglich. Das sind demnach rund 70 Prozent der Bevölkerung, die, wenn auch nicht
jeden Tag, so doch immerhin gelegentlich bis regelmäßig das
Internet nutzen.

Das Eschborner Marktforschungsinstitut *NetValue* stellte
wiederum fest, dass sich rund ein Drittel der deutschen Inter-
netnutzer auf Sex- und Erotikseiten tummelt, womit die Deutschen knapp hinter Spanien mit an der Spitze Europas stehen.
Was die Verweildauer auf den erotischen Seiten betrifft, liegen
die Deutschen sogar ganz vorne.

So viel zur Statistik. Im Umkehrschluss scheint es bestätigt: Gibt man in Google die Begriffe »Seitensprung« und
»Sex« ein, erhält man Millionen Treffer, und es werden ständig mehr. Das Internet – unsere schöne neue virtuelle Welt
der unbegrenzten Möglichkeiten?

Wegbereiter zum Seitensprung?

Angesichts dieser Zahlen und Statistiken dürfte es unbestreitbar sein, dass das Internet inzwischen eine Führungsposition
beim Thema »Seitensprung« übernommen hat. Kein Wunder,
verspricht der Seitensprung via Internet doch so vieles: erfolgreich fremdgehen, ungezwungene erotische Affären, Diskre-

tion und Anonymität – und all das schnell, direkt, zeitsparend und komplikationslos. So oder so ähnlich werben die diversen Seiten. Seitensprung gesucht? Kein Problem: Mit ein paar Klicks kann man rasch fündig werden.

Die Anbahnung des Seitensprungs

In früheren Zeiten gab es zwar auch Seitensprünge, doch war ihre Anbahnung längst nicht so leicht wie heute. Kontakt zu anderen Menschen fand man im Wesentlichen auf Bällen oder bei Theater-, Konzert- und Opernbesuchen. Einen Seitensprung zu organisieren, war nicht selten vom Zufall abhängig und häufig auch ein recht langwieriges Unterfangen.

Gerade im 19. Jahrhundert und früher waren die Zeiten zudem stark von gesellschaftlichen Anstandsregeln geprägt und ein lockeres Ausgehen am Abend nicht ohne entsprechende Begleitpersonen möglich. Affären waren gerade für Frauen nicht ehrenvoll, schnell war der Ruf ruiniert, wie ein Beispiel aus der Literatur zeigt:

Anna Karenina, in einer langjährigen, nicht glücklichen Ehe verheiratet, verliebt sich leidenschaftlich in den jungen Offizier Wronskij und geht mit ihm eine Affäre ein. Eines Tages gesteht sie dies ihrem Ehemann, der es nicht fassen kann, ihr aber dennoch die Scheidung anbietet und auch den Sohn, Serjoscha, lassen will. Als Anna von ihrem Geliebten schwanger wird und später ein Mädchen bekommt, deren Geburt sie fast das Leben kostet, nimmt er sein Angebot zurück und entzieht ihr den Sohn.

Anna und Wronskij reisen fortan in Russland umher; sie wird von der Gesellschaft gemieden und leidet sehr darunter. Immer wieder kommen ihr Zweifel an seiner Liebe zu ihr, sie steigert sich immer weiter in seine angebliche Ablehnung hinein: »Meine Liebe wird immer leidenschaftlicher und egoistischer, und seine Liebe erlischt immer mehr, und deshalb müssen wir uns trennen.« Sie verlangt völlige Hingabe von ihm und fühlt doch, dass er sich von ihr lösen möchte. So beschließt sie schließlich, Selbstmord zu begehen, und wirft sich vor einen Zug. Wronskij versinkt danach in völlige Apathie, spricht mit niemandem mehr und zieht dann in den Krieg ...

Zu Beginn war die Liebe zwischen Anna und Wronskij geheimnisvoll, spannend und interessant. Nun außerhalb der Gesellschaft stehend sind sie vor allem aufeinander bezogen. Doch wenn das Schöne immer da ist, wird auch dies allmählich zur Routine und verliert seinen Reiz. Durch ihren Freitod will Anna Karenina Wronskij »strafen« und seine Liebe neu erwecken.

Kontaktanzeigen und Arbeitsplatz

Nach der Zeit der Debütantinnenbälle und Anstandsdamen folgten die Kontaktanzeigen in Zeitungen als Mittel der Partnersuche. Dabei handelte es sich natürlich nicht ausschließlich um Heiratsannoncen; manchmal befanden sich auch verbal verhüllte Aufforderungen zum sexuellen Abenteuer darunter. Entsprechend verschlüsselt wurden diese in der Rubrik »Bekanntschaften« durch Wörter wie »unverbindlich«, »locker«, »offen« und dergleichen mehr. Wem dieses Medium nicht lag, hatte nur die Möglichkeit, abends in der Hotelbar in Lauerstellung zu gehen und auf eine sich möglicherweise ergebende Situation zu hoffen.

Daneben gab es den Arbeitsplatz, der einen großen Pool an Möglichkeiten darstellte, Menschen kennenzulernen. Der fungiert zweifelsohne auch heute noch als solcher. Seitensprünge unter Kollegen passieren häufig, nicht nur auf der obligatorischen Betriebs- oder Weihnachtsfeier. Meist verbringt man mehr Zeit in der Arbeit als mit dem Partner zu Hause, und nicht selten entstehen dadurch auch besondere Verhältnisse. Das kann ein Projekt unter Kollegen sein oder eine Situation, die gemeinsam gemeistert werden muss und zusammenschweißt. Oft wird mir in der Praxis auch berichtet, dass ein Kollege oder eine Kollegin sie oder ihn einfach wahrgenommen, »nur« zugehört, Komplimente gemacht oder Aufmerksamkeit geschenkt habe. Dies hat der Hauptpartner zu Hause vielleicht viel zu lange nicht mehr getan; hier kann die tiefe Sehnsucht, als Mann oder Frau – im Sinne von »Eros« – wahrgenommen zu werden, bereits ausreichen, um eine Tür zu öffnen.

Neue Medien als Türöffner

Heute ist das Internet eine zuverlässige Plattform, auf der direkt und gezielt nach einem Seitensprung gesucht werden kann. Es treffen und finden sich dort Menschen, die dasselbe suchen, das aber möglicherweise aus unterschiedlichen Beweggründen.

Im Grunde gibt es kaum noch etwas, das man im World Wide Web nicht finden kann. Und führt man sich die Google-Trefferzahl in Millionenhöhe vor Augen, suchen immer mehr Menschen offensichtlich nach Sex. Mittlerweile gibt es unzählige Portale, über die man einen Seitensprung finden kann – Tendenz steigend. Offenbar regelt auch hier die Nachfrage das Angebot; wäre dem nicht so, könnten sich die zahlreichen Anbieter wohl kaum über Wasser halten, geschweige denn immer wieder neue Portale eröffnen.

Nicht zu unterschätzen sind auch die Neuerungen, die sich zeitgleich mit dem Internet auf dem Markt etabliert haben, etwa das Handy oder in neuerer Zeit Foren wie Facebook oder Twitter. Mittlerweile sind die sogenannten Smartphones weit verbreitet, die neben der gewohnten Telefonfunktion eine Vielzahl von Apps bieten und nebenbei auch noch internetfähig sind. So kann man gewissermaßen zwischendurch von überall aus, einfach und auch verhältnismäßig kostengünstig schnell mal ins Netz gehen. Die Zeiten sind vorbei, in denen man sich abends heimlich an den Rechner im Hobbyraum schleichen musste, um seine E-Mails zu checken, oder mit dem Handy auf der Toilette verschwand, um rasch noch eine heimliche SMS zu verschicken. Das kann man mit dem Smartphone jetzt viel unkomplizierter erledigen, auf dem Heimweg in der S-Bahn, an der roten Ampel oder in der Mittagspause – auf jeden Fall aber außerhalb des häuslichen Kontrollbereichs des Partners.

Unkompliziert und effektiv – das Seitensprungportal

Im Gegensatz zu Seitensprüngen, die sich aus dem sozialen Umfeld heraus »zufällig« ergeben – etwa in der Arbeit, im Freundeskreis oder im Verein –, bedarf es für eine Anmeldung in einem Seitensprungportal doch einer recht bewussten Entscheidung. Natürlich kann es sein, dass man auch über Internetseiten, die eigentlich nichts mit Sex zu tun haben, via Werbung oder sogenannte Pop-ups ziemlich schnell und meist nur durch einen einzigen Klick direkt zum Anmeldeformular in einem entsprechenden Forum gelangt. Trotzdem geschieht der Log-in, die Registrierung als Mitglied, nicht ohne eigenes Zutun und ohne den Willen dazu. Niemand landet automatisch in einem Seitensprungchat und weiß später nicht, wie er dahin gekommen ist. Die Bereitschaft fremdzugehen oder zumindest die Neugierde, sich mal umzusehen und das Portal erkunden zu wollen, muss vorhanden sein – ein weiteres Indiz dafür, dass der Mensch heute vermehrt versucht, seine individuellen Bedürfnisse auszuleben. Und das Internet macht es einfacher, an einen Seitensprung heranzukommen.

Was sind Seitensprungportale?

Die im Folgenden verwendeten Begriffe – Seitensprungportal, Seitensprungforum, Seitensprungchat, Seitensprungbörse – beschreiben im Grunde genommen alle das Gleiche. Am »seriösesten« hört sich vielleicht noch Seitensprungagentur an. Doch gemeint ist damit: eine Plattform, auf der sich Menschen begegnen können, die gezielt auf der Suche nach einem Seitensprung sind. Zunächst geht es dabei oberflächlich nur um das eine, nämlich um Sex.

Natürlich gibt es auch Portale oder Agenturen, die den Fokus auf die Suche nach einem geeigneten Lebenspartner richten – eine Art moderne Heiratsvermittlung. Denn sicherlich kennt jeder inzwischen Paare, die sich im Internet kennengelernt haben und nun eine Beziehung führen. Dazu zu stehen – heute kaum noch ein Problem –, war früher bei Weitem nicht selbstverständlich. Einen Partner vermittelt zu bekommen, galt als Zeichen der Schwäche. Das hat sich mittlerweile glücklicherweise geändert. Denn seien wir ehrlich: Welche Alternativen gibt es? Bei den meisten ist der Wunsch nach einer Partnerschaft vorhanden. Viele haben heute jedoch zu wenig Zeit, »da draußen« nach dem Partner fürs Leben zu suchen. Irgendwann ist es auch eine Frage des Alters, ob man an den Wochenenden in der Bar, Kneipe oder Disco Ausschau nach einem potenziellen Partner halten kann und will. Viele haben bereits eine gescheiterte Beziehung oder Ehe hinter sich und sind wenig geneigt, sich auf sogenannten Ü-30-Partys – ein Euphemismus, die meisten Besucher sind bereits weit über 30 – nach einem neuen Partner umzusehen. Und wenn einem dann schon mal jemand ins Auge sticht, ist der vielleicht vergeben.

In den Partneragenturen im Internet kann man gezielt nach dem suchen, was man sich wünscht: Man kann Angaben machen zu Größe, Gewicht, Haar- und Augenfarbe, Beruf und Wohnort, ja sogar darüber, ob jemand Haustiere mögen oder ob ein Kinderwunsch bestehen soll. Manche Anbieter arbeiten mit umfangreichen Fragebögen, mit denen anschließend ein konkretes Profil angelegt wird, um möglichst treffsicher einen geeigneten Partner zu ermitteln.

Natürlich gibt es auch spezieller ausgerichtete Portale, die auf ältere Menschen, homosexuelle Beziehungen, bestimmte Vorlieben oder regionale Angebote spezialisiert sind.

Sexuelle Kontakte ohne Verpflichtungen

Portale, in denen es nicht um längerfristige Bindungen geht, bieten vor allem Menschen ein Forum, die gezielt auf der Suche nach sexuellen Abenteuern sind. Viele der dort Angemeldeten sind bereits verheiratet oder leben zumindest überwiegend in einer festen Partnerschaft. Der Fokus ist in diesen Portalen darauf gerichtet, einen geeigneten Partner für einen gemeinsamen Seitensprung zu finden – »nur« Sex, ohne Bindung, ohne Verpflichtungen, denn davon hat man ohnehin schon zu viele.

Man könnte nun endlos darüber diskutieren, ob Seitensprungagenturen ein Fluch oder ein Segen sind. Ob sie moralisch verwerflich erscheinen oder als eine faire Sache. Tatsache ist jedoch, dass es diese Angebote gibt und dementsprechend eine Nachfrage vorhanden sein muss. Letztlich muss jeder für sich selbst entscheiden, ob er diesen Weg wählen will oder nicht.

Auf einer Seitensprungplattform ist allen Beteiligten klar, worum es geht. Eine Agentur wirbt mit dem Slogan: »Gefangen in einer sexlosen Ehe?« Dadurch fühlen sich sehr viele Menschen angesprochen, denn oftmals ist es »nur« der Sex, der fehlt und Beweggrund ist, sich in der Agentur anzumelden. Zumindest am Anfang ist er es ausschließlich. Welche Sehnsüchte sonst noch eine Rolle spielen, tritt häufig erst später in den Vordergrund.

Es gibt auch Agenturen, bei denen mehrere Suchmöglichkeiten bestehen. So muss man sich beispielsweise nicht auf »hemmungslosen Sex« festlegen, sondern kann auch »Beziehung / Partnerschaft nicht ausgeschlossen« anklicken. Das kann ein Weg sein, nach jemandem Ausschau zu halten, den man vorab sexuell schon genauer unter die Lupe genommen hat; und wenn dann mehr daraus wird, ist es auch okay. Damit spart man sich ein längeres, aufwändiges »Vorspiel«, wie es bei der herkömmlichen Partnersuche der Fall ist. Man zäumt das Pferd quasi von hinten auf: erst der Sex, dann die eventuelle Partnerschaft. Das kann für Menschen, die großen Wert auf Sex legen, ein gangbarer Weg sein, gewissermaßen eine Mischung aus Seitensprung- und Partnersuche.

Der Schritt ins Seitensprungportal

Der erste Schritt erfolgt mit der Auswahl eines passenden Portals. Inzwischen gibt es sogar kostenlose Vergleichsseiten im Netz, die das Preis-Leistungs-Verhältnis, die Mitgliederzahlen, die Vermittlungschancen, den Service und Ähnliches bewerten. Natürlich muss eine Agentur ansprechend sein, sowohl in ihrer Aufmachung als auch in ihrer Handhabung. Oft gelangt man dann mit einem einzigen Klick zur Anmeldung. Ist es ein kostenloses Portal, reicht es bisweilen, nur ein Pseudonym, einen Fantasienamen, den man selbst wählen kann, anzugeben. Aber auch bei kostenpflichtigen Anbietern, bei denen man sich mit den persönlichen Daten anmelden muss, bleibt der echte Name verborgen, ebenso wie die E-Mail-Adresse und sonstige persönliche Angaben. Dann wird noch ein Passwort gewählt, und schon ist man drin. Mittendrin.

Häufig ist es so, dass die Anmeldung für Frauen kostenlos, für Männer dagegen kostenpflichtig ist. Das liegt wohl daran, dass sich immer noch mehr Männer als Frauen in diesen Foren bewegen. Zudem werden auch Probemitgliedschaften angeboten, die man später in eine volle Mitgliedschaft umwandeln kann und die erst ab diesem Zeitpunkt kostenpflichtig ist. Im Allgemeinen hat man jedoch mit einer Probemitgliedschaft keine Möglichkeiten, Kontakt mit anderen Mitgliedern aufzunehmen, sondern wird lediglich darüber informiert, ob andere Mitglieder bereits Interesse zeigen – natürlich mit dem Ziel einer schließlich doch kostenpflichtigen Anmeldung. Nur allzu menschlich: Wer wüsste nicht gern, wer sich da für einen interessiert? Bei anderen Portalen ist die kostenlose Mitgliedschaft beispielsweise auf 14 Tage begrenzt, wobei sich innerhalb dieser knapp bemessenen Zeit kaum ein passender Seitensprungpartner finden lässt. Und wer bricht schon einen begonnenen Kontakt ab, nur um Gebühren zu sparen? Hier ist also Vorsicht geboten. Die Bezahlung erfolgt übrigens meist über Kreditkarte, manchmal auch per Überweisung, PayPal, Western Union und dergleichen – und wird vorwiegend anonymisiert abgerechnet.

Nachdem die Anmeldung vorgenommen ist, wird man menügesteuert durch die Anlage des eigenen Profils geführt; ein Profil muss man immer anlegen. Schon hier kann man persönliche Informationen, konkrete Suchkriterien, partnerschaftliche Vorstellungen, sexuelle Vorlieben und mehr eingeben. Sobald das Profil angelegt ist, kann das Abenteuer Seitensprung beginnen.

Die meisten Agenturen raten dazu, auch ein Foto hochzuladen, da dies die Vermittlungschancen angeblich beträchtlich erhöht. Das sollte man sich jedoch genau überlegen, denn wer möchte schon gern von einem Freund oder dem Chef in einem Seitensprungchat gesichtet werden? Manchmal sind die Fotos auch erst auf Anfrage und anschließende Freigabe sichtbar. So kann man in Ruhe prüfen, mit wem man es vermutlich zu tun hat, und das Vertrauen aufbauen, um sich dem anderen auch per Bild zu zeigen.

Der Austausch per Chat

Grundsätzlich hat man in den Portalen und Foren die Möglichkeit, sich über Nachrichten auszutauschen. Sie sind mit E-Mails vergleichbar, allerdings nur über dort eingerichtete Mailboxen abzufragen. Man bekommt also keine Mails an die private E-Mail-Adresse, sondern arbeitet über einen eigenen Briefkasten innerhalb des Forums. In einigen Börsen hat man auch die Möglichkeit, sogenannte Kurznachrichten zu schicken, die der andere dann im Echtzeitmodus sehen kann – vorausgesetzt, er ist zeitgleich online, was an einer entsprechenden Kennzeichnung im Profil ersichtlich ist. Zudem bieten die meisten Portale inzwischen die Möglichkeit zu chatten an, manchmal sogar zusätzlich per Web-Cam als Video-Chat.

Das Wort »Chat« kommt aus dem Englischen *(to chat)* und bedeutet plaudern oder sich unterhalten. Damit ist eine Live-Online-Kommunikation gemeint, über die man einiges über seinen Gesprächspartner erfahren kann. Wichtig ist wieder zu wissen, dass man immer nur unter seinem angemeldeten Pseudonym sichtbar ist, womit größtmöglicher Schutz gewährleistet werden soll.

Einem Live-Chat kann, muss aber keine lange Korrespondenz vorausgehen. Allerdings ist ein Chat recht zeitintensiv, da er ja in Echtzeit stattfindet. Man kann nebenher kaum etwas anderes machen, während man sich wechselseitig hin und her schreibt.

Falsche Hoffnungen

Enttäuschungen sind natürlich nicht ausgeschlossen. So kann es sich zum Beispiel im Laufe eines Chats erweisen, dass man mit dem Chatpartner keinerlei gemeinsame Interessen hat oder keinen Ansatzpunkt für einen weitergehenden Kontakt findet. Eine andere potenzielle Quelle für Enttäuschungen stellt auch das Foto dar, das manchmal so gar nicht der Vorstellung vom Traumprinzen oder Supermodel entspricht.

Jessica (29) ist in einer Seitensprungagentur angemeldet. Sie hat sich erst vor Kurzem von ihrem langjährigen Freund getrennt und ist noch nicht wieder bereit, sich fest zu binden. Gegen ein wenig Abwechslung hätte sie jedoch nichts einzuwenden. Sie bekommt folgende Zuschrift:

```
Hallo liebe Unbekannte!
Vermutlich treibt Dich Ähnliches hierher wie mich.
Ich bin ein gepflegter, geiler, unabhängiger Mann,
der nicht nur sexuell einiges zu bieten hat, und
Du wirst eine Antwort beziehungsweise ein Date
mit mir sicher nicht bereuen.
Ich bin verheiratet und hoffe, dass Dich das nicht
```

stört, aber das könnte auch gerade ein Grund sein dafür, mir zu antworten. Ich will da ganz ehrlich sein, was wohl viele hier nicht sind, aber dadurch bin ich auch ziemlich komplikationsfrei. Aufgrund meiner beruflichen Selbständigkeit und da ich eine »Wochenendehe« führe, bin ich zeitlich ziemlich flexibel. Solltest Du also Lust haben (wie zweideutig), dann wirf doch einen Blick auf mein Profil. Über eine Antwort würde ich mich sehr freuen.
Liebe Grüße
Holger

P.S. Ich suche nur reale Kontakte – habe weniger Interesse an einem One-Night-Stand (da der Appetit meist erst mit dem Essen kommt) und bin sowohl ausdauernd als auch sehr gut bestückt und auf der Suche nach einer sinnlichen, ausgiebigen und interessanten Affäre!

Darauf antwortete Jessica: »... ausdauernd und gut bestückt meinen ja irgendwie alle Männer hier zu sein! Was hast du denn sonst noch zu bieten?« Sie verabredeten sich zu einem Live-Chat, bei dem Jessica positiv auffiel, dass Holger vergleichsweise wenig Rechtschreibfehler machte und sich sehr gut ausdrücken konnte. Er war schlagfertig und hatte eine große Portion Humor. Wow, der schien ein echter Treffer zu sein! Er fragte sie unverblümt, was er denn tun müsse, damit sie ihn »jagen« würde. Jessica sagte, dass er nur noch gut aussehen müsse, alle anderen Vorzüge habe er bereits gekonnt hervorgehoben. Holger schlug vor, dass sie doch Fotos tauschen könnten, was dann auch schnell geschah.
Kurz darauf war Holgers Foto für Jessica freigeschaltet – und damit war der Traum vom Seitensprung schnell beendet. Alles hat bekanntlich einen Haken, und Holger sogar einen

ziemlich großen, über den sie unter keinen Umständen hätte hinwegsehen können. Sie beschrieb es so:»Auf meinem Bildschirm blickte mich ein spießbürgerliches Konterfei an, wie ich es mir nicht schlimmer vorstellen könnte. Ähnlich einem Bewerbungsfoto, das ich, wäre ich eine Malerin, die nach einem Titel für ihr Bild suchte, als ›Mann mit Brille, Halbglatze und Teiltolle im Billiganzug‹ betiteln würde. Einfach schrecklich. Ich war zugegebenermaßen richtig enttäuscht. Ich frage mich auch, wie es sein kann, dass manche Menschen (vornehmlich Männer) von sich, ihrem Aussehen und ihrer ›Bestückung‹ so überzeugt sein können. Das würde sich eine Frau nie trauen!«

Holger wollte sofort wissen, wie sein Foto Jessica gefallen habe. Nachdem sie sich höflich versichert hatte, ob sie ehrlich sein dürfe, schrieb sie ihm:»Du bist jetzt nicht so mein Typ, tut mir leid.« In folgenschwere Selbstzweifel würde Holger, der von seiner Ausdauer und seiner guten Bestückung überzeugte Mann, ohnehin nicht verfallen, da war Jessica sich sicher. Und sie stieß bei ihm tatsächlich auf Verständnis:»Ich bin jetzt zwar nicht suizidgefährdet, aber eigentlich sehe ich gar nicht so aus.« Nein? Und wer war denn dann der Mann auf dem Bildschirm? Er bot an, sein Foto auszuwechseln, aber auch das hätte nichts genützt. Jessica erklärte ihm noch kurz, dass sie völlig unterschiedliche Typen seien und dass es schon okay sei, wie es ist. Holger blieb beharrlich und wollte trotzdem unbedingt wenigstens die Chance bekommen, mit ihr zu telefonieren; er legte sich wirklich mächtig ins Zeug. Doch Jessica blieb hart, denn selbst die erotischste Stimme der Welt hätte an ihrer Entscheidung nichts mehr ändern können. Sie schrieb ihm noch eine freundliche Nachricht:»Lieber Holger, wir sind doch groß genug und wissen beide, dass das, was wir hier suchen, ganz klar über das Aussehen läuft.« Damit verabschiedeten sie sich »freundschaftlich«.

Jessica hat sich durch das Erlebnis nicht aus dem Konzept bringen lassen und ist weiterhin auf der Suche nach einem geeigneten Sexpartner. Sie hat allerdings den Vorsatz gefasst, sich nun immer zuerst ein Foto schicken zu lassen, bevor sie tiefer einsteigt und Zeit investiert. Am besten gleich mehrere Fotos, denn jedes Bild ist ja immer nur eine Momentaufnahme.

Passiv oder aktiv?

Grundsätzlich hat man im Forum zwei Möglichkeiten: Man kann passiv bleiben und abwarten, wer sich auf das eigene Profil hin meldet, und antwortet nur auf die Zuschriften, die interessant erscheinen. Die zweite Möglichkeit ist, selbst aktiv zu werden und die fremden Profile zu durchforsten, eventuell mithilfe verschiedener Suchkriterien. Man kann auch erst das eine und dann das andere ausprobieren, was letztlich eine Frage des Geschmacks und der Zeit ist, die man investieren kann und will. Selbst aktiv zu werden, bringt aber durchaus Vorteile mit sich.

Bei der aktiven Suche lässt sich über die Suchkriterien ziemlich genau eingrenzen, wen oder was man sucht. Dazu stehen einem verschiedene Auswahlmöglichkeiten wie etwa Alter, Größe, Statur, Postleitzahlenbereich, sexuelle Vorlieben und dergleichen mehr zur Verfügung. Einige Anbieter stellen daneben auch frei editierbare Felder bereit, in die ein eigener Text eingefügt werden kann. Einige Menschen lassen diese Felder leer, andere nutzen die Gelegenheit, im ansonsten anonymen Netz anhand ihrer Wünsche etwas über sich zu verraten:

... Ich suche eine nette und sinnlich-erfüllende Affäre! Lust, fremde Haut, sich fallen lassen, um die ganze Vielfalt der Erotik wieder zu beleben, wie sie im Alltag inzwischen verblasst ist – gemeinsam lachen, Herzklopfen, sinnliche Berührungen mit elektrisierender Wirkung, Tanz der Hormone, Rausch der Sinne, sexuelle Erfüllung. Eine Prise Heimlichkeit wird dies steigern ...

... Hoffe hier das zu finden, was ich in meiner Partnerschaft vermisse: begehren und begehrt werden ...

... Was muss alles klappen für eine gute Beziehung? In jedem Fall der Sex! Ich brauche dringend mal wieder einen geilen Orgasmus und frage mich, ob sich hier ein heißer Typ dafür findet? Wenn Du auch eine Beziehung suchst, dann melde Dich ...

... Suche eine stark behaarte Frau im Intimbereich und möglichst auch unter der Achselhöhle ...

... Für alle Langweiler: Spart Euch die Kommentare! Du wirst mich verehren, mir mit Demut und Gehorsam begegnen, mir stets zu Diensten stehen, wenn ich es verlange, mir nie widersprechen, alle meine Wünsche und Anweisungen mit Hingabe erfüllen und immer dankbar sein, wenn ich Dich züchtige! ...

Abgesehen von diesen Selbstdarstellungen kann auch das gewählte Pseudonym schon viel über einen Menschen verraten, darüber, welcher Typ Mensch sich dahinter verbirgt, oder auch darüber, was diese Person sucht. Die Pseudonyme reichen von »Teddybär_1972« bis »Geiler-Hengst-69«, von »SüßeMietzekatze« bis »Superschlampe«, von »Philosophenfreund« bis »Muschischlecker«, von »Anita123« bis »devote_ sie_NS« und von »Dom_Mann« bis »Zampano-XXL«.

Hat man sein vermeintliches Pendant gefunden, steht dem virtuellen Kontakt nichts mehr im Wege. Und bei entsprechender Sympathie und je nach Verlauf des weiteren Kontakts kann es auch zu einem realen Treffen kommen. In den meisten Fällen geht diesem jedoch ein umfangreicher Mailkontakt beziehungsweise ein Chat voraus, denn schließlich wollen beide Seiten abchecken, ob die Chancen, sich im »wirklichen Leben« zu verstehen, groß genug sind. Auf Verlangen kann man Bilder austauschen oder sich auch auf ein Blind Date einlassen, was ja auch seine Reize haben kann. Natürlich sind in den Seitensprungbörsen auch viele Personen registriert, die nicht an einem realen Date interessiert sind. Ihnen reicht es bereits aus, erotische Mails auszutauschen. Wieder andere fallen gleich mit der Tür ins Haus und fragen sehr direkt: »Willst du heute noch ficken?« Und es gibt Menschen, die sich wirklich dafür interessieren, wer hinter einem Profil steckt, die sich sehr viel Mühe bei der Kontaktanbahnung geben und sehr persönliche Mails schreiben.

Leider kann es im Seitensprungportal auch peinlich werden. Eine Freundin von mir hat beispielsweise einmal ihren Arbeitskollegen in einem Seitensprungchat getroffen, ich selbst bin bei meinen Recherchen auf den Sohn einer Bekannten gestoßen. Nach einem unausgesprochenen Abkommen haben wir beide darüber nie ein Wort verloren.

Wer ist in Seitensprungportalen zu finden?

Welcher Typ Mensch in Seitensprungportalen zu finden ist, kann nicht verallgemeinert werden. Es sind ganz einfach Menschen wie du und ich, Frauen und Männer, Menschen jeden Alters und aus allen Berufsgruppen – eben ein Querschnitt aus dem ganz normalen Leben, wie man so schön sagt:

• Menschen, die bereits gebunden sind, aber dennoch nach Sex mit anderen Partnern suchen;
• Menschen, die ungebunden sind, und nach Sex suchen – ohne Bindungsabsichten;
• Menschen, die gebunden oder ungebunden sind, aber noch nicht sicher sind, ob sie sich binden beziehungsweise neu binden wollen und sich das erst einmal offen halten;
• Menschen, die nach sexuellen Erfahrungen suchen, weil sie

entweder noch keine oder zu wenig Erfahrung haben oder glauben, noch mehr davon zu brauchen;

- Menschen, die aus diversen Gründen mit dem eigentlichen Partner keinen, zu wenig oder unbefriedigenden Sex haben;
- Menschen, die jemanden suchen, um mit ihm bestimmte sexuelle Vorlieben ausleben zu können, weil das mit dem eigentlichen Partner nicht möglich oder ausreichend oder sogar gewünscht ist;
- Menschen, die sich am Partner rächen wollen, weil sie selbst durch eine Affäre des Partners tief verletzt wurden und meinen, dieser Weg würde ihnen dabei helfen, darüber hinwegzukommen;
- Menschen, die ihr Selbstwertgefühl aufbessern wollen, weil sie beispielsweise vor Kurzem verlassen worden sind;
- Menschen, die ihre eigenen Grenzen ausloten wollen;
- Menschen, die einfach nur neugierig und/oder abenteuerlustig sind und mal sehen möchten, was da so kommt;
- Menschen, die nach etwas suchen, von dem sie selbst noch nicht wissen, was es ist.

Die Gründe, einer Seitensprungbörse beizutreten, sind unterschiedlich. Einer verbindet jedoch alle miteinander: der direkte Wunsch nach Sex.

Der Reiz an dieser Art der Begegnung

Natürlich ist es verlockend, nach bestimmten Kriterien aus einem ganzen Pool von potenziellen Seitensprüngen auswählen zu können. Ebenso reizvoll ist es, selbst Zuschriften zu erhalten, denn durch das Interesse an der eigenen Person steigt auch das Selbstwertgefühl. Und schließlich ist es auch ein Spiel, da man selbst bestimmen kann, wem man was von sich zeigen will oder nicht. Man hat die Kontrolle: Zunächst gibt man vielleicht relativ wenig von sich preis, doch hat sich nach und nach Vertrauen entwickelt, zeigt man mehr. Zu jedem Zeitpunkt kann man jedoch selbst darüber entscheiden, wie man weiter verfahren will.

Die Möglichkeit, das Ganze jederzeit durch einen einzigen Klick wieder zu beenden, gibt eine gewisse Sicherheit. Das wiederum hat zur Folge, dass man sich auch einmal von einer ganz anderen Seite zeigen kann als gewöhnlich dem eigenen Partner gegenüber. Im Internet hat man nichts zu befürchten: Das Gegenüber kennt einen nicht, das hilft beim Überwinden so mancher Schamgrenze. Da wird der unauffällige Beamte zum begnadeten Erotikchatter, die prüde Hausfrau zum Supervamp – Dinge, die viele Menschen im »normalen Leben« nie tun würden.

Hinzu kommt noch der Reiz am Neuen, am Unbekannten, am »Verbotenen«. Allein die Vorstellung, sich mit einem fremden Menschen zu treffen, wieder einmal fremde Haut zu spüren, löst häufig wilde Fantasien aus. Da muss es noch gar nicht zu einem realen Kontakt gekommen sein. Es gibt zahlreiche Menschen, denen dieser Nervenkitzel schon genügt und die der Meinung sind, dann noch nicht wirklich fremdgegangen zu sein.

Abenteuerlust und Neugier

Ohne diese Attribute geht es nicht. Abenteuerlust und Neugier sind die ersten Schritte, um sich im Internet überhaupt auf einschlägigen Seiten zu informieren. Viele wollen erst einmal nur gucken, ob so etwas wie ein Seitensprung über das Internet eigentlich funktionieren kann. Wenn der erste Schritt dann getan ist, kann auch rasch der zweite folgen. »Gelegenheit macht Liebe« könnte man sagen, denn wenn die Verlockung erst einmal Gestalt annimmt, gibt es oft kein Zurück mehr.

Den eigenen Marktwert testen

Gründe dafür, gelegentlich den eigenen »Marktwert« zu testen, gibt es viele, sei es das fortschreitende Alter oder eine Krisensituation, die an unserem Selbstbewusstsein nagt. Und wo könnte man seinen Marktwert besser testen als im Internet? Dort sieht man unkompliziert und schnell, wie man bei anderen ankommt, ob man auf dem Markt noch Chancen hat und wenn ja, welche. Da kommt ein Seitensprungportal einfach wie gerufen.

Vielleicht gibt's ja noch was Besseres ...?

Der Reiz kann aber auch ganz anderer Natur sein, er kann ein Reiz des Neuen, des Verbotenen sein. Jeder kommt irgendwann einmal an den Punkt, an dem er sich fragt, ob das, was er im Leben erreicht hat, schon alles ist. Gibt es da nicht doch noch etwas, von dem man vielleicht noch gar nichts weiß, etwas, das viel besser oder aufregender sein könnte? In solchen Momenten grast so manch einer das Netz ab, um zu sehen, was sich möglicherweise noch auftut. Vielleicht findet sich ja doch noch der ultimative Sexkick mit jemand anderem? Man weiß ja nie. Und man wird es auch nie wissen – denn jede Situation lässt sich in der eigenen Fantasie immer noch verbessern und »toppen«. Das kann im idealen Fall in die Erfüllung der geheimsten Träume münden, das kann aber auch zur Sucht werden: zur Sucht nach der Suche.

Freude am Voyeurismus

Ein weiterer wichtiger Reiz, der aus der heutigen Gesellschaft nicht mehr wegzudenken ist, besteht im Beobachten anderer. Die Menschen heute sind voyeuristischer denn je. Wie sonst erklären sich die Einschaltquoten der TV-Sendungen *Big Brother, Dschungelcamp* & Co.? Einen beträchtlichen Teil der Gesellschaft scheint es zu reizen, von der Wohnzimmercouch aus Menschen zu beobachten, die unappetitlichen Belastungsproben unterzogen oder auf engem Raum mit anderen eingepfercht werden. Es scheint uns wirklich zu interessieren, wie sich Menschen in Extremsituationen verhalten.

Eine Variation dieses Voyeurismus ist der Konsum privat gefilmter Pornos. Im Internet sind Pornofilme mit Laiendarstellern inzwischen überaus gefragt, jeder »Normalo« kann heutzutage seine selbst gedrehten Clips auf die einschlägigen Seiten hochladen. Die Studentin von nebenan zeigt sich dabei vielleicht dem eigenen Vater, dem Bruder, dem Chef oder dem Freund der besten Freundin. Und die Hausfrau von gegenüber will den Lehrer der Kinder, den Hausmeister, den Kollegen oder den Nachbarn sehen. Voyeurismus gepaart mit Exhibitionismus. Nicht nur hinsichtlich des Seitensprungs, auch im Blick auf Sexualität allgemein kann man im Netz mittlerweile aus einem Pool der Möglichkeiten schöpfen. Die Befriedigung der sexuellen Wünsche wird dadurch in jeder Hinsicht leichter.

Was einen Reiz hat, birgt auch Gefahren

Das Internet brachte unbestreitbar wesentliche praktikable Vereinfachungen: In Windeseile bekommt man jede erdenkliche Information, die man früher in zeitintensiver und langwieriger Arbeit mühsam recherchieren musste. Die Zeiten, in denen Studenten stundenlang in Bibliotheken saßen, sind im Großen und Ganzen vorbei. Doch nicht nur das Sammeln von Informationen ist im Zeitalter des World Wide Web angenehmer geworden, auch das Einkaufen via Internet wird von immer mehr Menschen genutzt. Bankgeschäfte lassen sich online erledigen, Tickets für Events, sogar komplette Reisen bucht man heute bequem vom Sofa aus. Auch Home-Office-Arbeitsplätze stellen heute keine große Besonderheit mehr dar. Im Grunde bräuchte man das Haus kaum mehr zu verlassen, um zu überleben. Im Zeitalter der Technik ist vieles möglich geworden.

Darüber hinaus dreht sich im Internet vieles um sogenannte soziale Netzwerke. Darunter versteht man Gemeinschaften, die sich über das Internet bilden. Das können Communitys sein, über die man direkt miteinander in Kontakt treten kann, Chatrooms oder Interessenforen wie *Lokalisten* oder *Facebook*. Es können aber auch themenzentrierte Foren sein, in denen sich alte Schulfreunde wiedertreffen können (zum Beispiel *Stayfriends*), oder medizinische, philosophische, sportbezogene oder sonstige Gesprächsrunden. Es gibt eine Menge an Arbeitsgemeinschaften (zum Beispiel *Xing*), durch die Menschen die Gelegenheit zum Networking im beruflichen Bereich erhalten.

Bei wieder anderen Gemeinschaften dreht sich alles um Sex. Unzählige Portale haben sich auf pornografisches Bildmaterial spezialisiert, darunter Fotos und Filme, von Laien oder Profis, heterosexuell oder homosexuell ausgerichtet. Hier kann zu jedem erdenklichen Wunsch das Passende gefunden, angesehen, heruntergeladen werden.

Das mag zunächst wie ein Schlaraffenland erscheinen. Kein Wunsch bleibt mehr offen, ein Klick genügt, und man bekommt, was man sich wünscht – egal, ob es sich dabei um eine übergewichtige Hausfrau handelt, die sich ausgiebig selbst befriedigt, oder um einen großen, dunkelhäutigen, genital überdimensional ausgestatteten Mann, der eine kleine, zarte Blondine lässig von hinten nimmt. Für wirklich jede Fantasie findet sich das entsprechende Material.

Allmählich muss man sich fragen, was das noch für Ausmaße annehmen und für Auswirkungen haben wird. Bisher sind die »Langzeitfolgen« noch kaum bekannt. Leider hat nicht jede Neuerung ausschließlich positive Auswirkungen. In meiner Praxis habe ich zunehmend mit dem Thema »Internet« zu tun: Da geht es um die aufgeflogene Affäre via Community ebenso wie um den »überführten« Ehemann, der stundenlang am Rechner sitzt, sich Pornos ansieht und dabei selbst befriedigt. Und das sind Erwachsene – wie aber wirkt sich die Entwicklung auf Kinder und Jugendliche aus? Welchen Einfluss wird das auf ihr Leben und ihre Beziehungen einmal haben? Was für neue »Partner« werden den Therapeuten eines Tages in der Praxis begegnen?

Der Grat, der den Reiz von der Gefahr trennt, ist schmal; unsere Herausforderung wird darin bestehen, verantwortlich mit all den neuen Medien umgehen zu lernen.

Anonymität – Schutz oder Scheu vor Verantwortung?

Im Seitensprungportal hat man die Kontrolle darüber, was man von sich preisgeben will. Profil und Pseudonym bilden eine Maske, hinter der man sich jederzeit verstecken kann. Niemand kennt das wahre Ich mit seinen Wünschen, Sehnsüchten und Vorlieben, das sich hinter der Maske verbirgt. Jeder kann selbst bestimmen, was er wem und in welchem Maße zeigen möchte, ob er die Maske abnimmt oder nur mal unter ihr hervorschaut. Durch diese Form der Anonymität kann man sich anders zeigen als im »richtigen Leben« dem eigenen Partner. Man muss keine Angst davor haben, nach seinen Wünschen und Fantasien bewertet zu werden. Wenn dies doch geschieht und es unangenehm wird, genügt ein einziger Klick, um das Ganze zu beenden, denn alles bleibt unverbindlich. Allerdings muss man sich immer vor Augen führen, dass das Gegenüber das gleiche Recht hat. Über das Spiel mit Anonymität, Wünschen, Fantasien und mögliche Gefahren macht sich auch das »dornröschen« aus folgendem erotischen Chat Gedanken. Dennoch kommt sie nach und nach hinter ihrer Maske hervor. Die beiden hatten bereits am Vorabend schon per Chat Kontakt.

Fantasy_Man: Guten Abend! Wie geht's Dir heute?
dornröschen: Danke, schön Dich wiederzutreffen …
Fantasy_Man: Ich muss leider gleich eine Pause machen, da ich gerade etwas koche …
dornröschen: Für wen kochst Du denn?
Fantasy_Man: Nur für mich alleine … Wollte ich gestern schon machen, aber kam nicht dazu.
dornröschen: Ich bin heute auch alleine.
Fantasy_Man: Dann hätte ich Dich ja zu mir zum Essen einladen können *grins*
dornröschen: Hätte ich mich eh nicht getraut … zu einem fremden Mann … in die Wohnung … Eine Frage an Dich: Gestern hast Du mich gefragt, ob ich Kerzen mag. Wie war das gemeint?

Fantasy_Man: Hab ich Dich das gefragt? Ich kann mich nicht mehr erinnern … Ich mag Kerzen jedenfalls sehr gerne … Hast Du schon mal Kerzenwachs auf Deiner Haut gespürt?

dornröschen: Nein, ich habe mich bisher eher daran verbrannt ;-)!

Fantasy_Man: Lach … nein … so meinte ich das nicht *grins* Bei dem, was ich meine, verbrennt man sich nicht! Man spürt nur kurz etwas … das hängt auch damit zusammen, wie lange das Wachs in der Luft unterwegs ist …

dornröschen: Na, Du scheinst Dich da aber auszukennen … und ich hatte mir schon so was Ähnliches gedacht. Ich habe auf diesem Gebiet keinerlei Erfahrung …

Fantasy_Man: Ich würde Dich ganz vorsichtig hinführen und Du dürftest jederzeit auch besondere Wünsche äußern *g*

dornröschen: Du kannst mir ja alles versprechen!!!

Fantasy_Man: Ich werde mir etwas überlegen, was Dir mehr Sicherheit gibt. Trotzdem könnte ich mir jetzt ganz spontan vorstellen, noch in diesem Moment zu Dir zu fahren …

dornröschen: Du meinst, Du würdest einfach so zu mir kommen wollen …???

Fantasy_Man: Ist Dein Puls jetzt gestiegen? Du kannst Dir gerne noch ein paar Minuten Zeit zum Überlegen lassen und ich werde ein paar Happen essen …

dornröschen: Ich kann das nicht, ich hab Schiss … Auch wenn ich zugeben muss, dass sich das spannend anhört …

Fantasy_Man: Das merke ich schon! Du kämpfst innerlich mit Dir, stimmt's *grins*?

dornröschen: Naja, es wäre schon etwas Reizvolles,

etwas ganz Neues für mich, aber ich hätte trotzdem Angst, schließlich kennen wir uns doch kaum … Vielleicht bist Du nur ein Verrückter und willst mich umbringen *lach*

Fantasy_Man: Ich werde sehr behutsam sein und jederzeit ein Nein als Nein akzeptieren. Ich werde Dich immer fragen, ob alles ok ist, und Du kannst die Richtung jederzeit bestimmen …

dornröschen: Mmm, könntest Du denn auch an einem anderen Tag in dieser Woche?

Fantasy_Man: Lieber würde ich schon heute die ersten Erfahrungen mit Dir machen, aber ich kann Dir Zeit geben!

dornröschen: Können wir die wirklich nur bei Dir oder bei mir machen?

Fantasy_Man: Möchtest Du lieber in ein Hotel gehen? Was ist das für ein Unterschied?

dornröschen: Keine Ahnung … Ich hab halt Schiss … Und würde schon gerne wissen, wie das ablaufen würde …

Fantasy_Man: Ich würde einfach zu Dir kommen! Dann würde ich mich mit Dir beschäftigen …

dornröschen: Aber doch nicht gleich, oder!?

Fantasy_Man: Wäre es denn arg schlimm, wenn wir gleich zu dem kommen, was Dich so beschäftigt derzeit?

dornröschen: Wie muss ich das jetzt verstehen?

Fantasy_Man: Ich könnte mir vorstellen, dass Du mich nicht so empfängst, wie Du einen normalen Gast empfangen würdest. Du Dir vielmehr die Augen mit einem Schal verbunden hast … Du sollst mich anfangs nur mit Deinen Händen spüren! Bist Du jetzt schockiert? Wie hoch ist Dein Puls?

dornröschen: 130 schätze ich …

Fantasy_Man: Gut, das freut mich …

dornröschen: Mich nicht so …

Fantasy_Man: Doch … es gefällt Dir … es ist das Außergewöhnliche, das Fremde …

dornröschen: Vielleicht ist mein Puls doch nur 120 ;-)

Fantasy_Man: Du lügst nicht besonders gut *g*

dornröschen: Ich weiß.

Fantasy_Man: Wäre das denn für Dich ok? Wenn nicht, ist das auch kein Problem … ich bin da nicht fixiert … ist einfach eine aufregende Vorstellung …

dornröschen: Finde ich auch, nur ziemlich ungewöhnlich …

Fantasy_Man: Du verbindest Dir die Augen erst, wenn ich unten klingle und Du öffnest nur für mich!

dornröschen: Und soll ich dann an der Tür auf Dich warten?

Fantasy_Man: Wo würdest Du gerne auf mich warten?

dornröschen: Weiß ich nicht, nicht an der Tür vermutlich …

Fantasy_Man: Beschreibe mir einfach den Weg, in welches Zimmer ich gehen soll … ich werde die Eingangstür schließen, wenn ich in der Wohnung bin … Du könntest Kerzen in dem Zimmer anzünden, in dem Du Dich befindest?

dornröschen: Natürlich könnte ich das. Gäbe es sonst noch was zu »beachten«?

Fantasy_Man: Ich möchte, dass Du Deine Schuhe mit den höchsten Absätzen trägst und schwarze Strümpfe …

dornröschen: Du meinst Halterlose, stimmt's!? ;-)

Fantasy_Man: Natürlich … ich überlasse es aber beim ersten Treffen gerne Dir, wie Du Dir vorstellst, dass Du mir vom Outfit her gefällst!

dornröschen: Wow! Klingt wirklich ziemlich aufregend. Ich habe so was noch nie gemacht …

Fantasy_Man: Ich glaube, wir belassen es jetzt dabei. Überleg' es Dir und dann machen wir ein Date aus … Im Übrigen wäre ich jetzt schon fast bei Dir, wenn ich vorhin losgefahren wäre!

dornröschen: Ja, ich habe gerade auf die Uhr gesehen und ärgere mich über meine Feigheit schon selbst genug …

Fantasy_Man: Ich würde jetzt gerade klingeln und Du würdest Dir die Augen verbinden …

dornröschen: Ja, sag es mir nur …

Fantasy_Man: Denk einfach darüber nach, und dann werden wir sehen … spüren … und empfinden …

dornröschen: Guter Schlusssatz!

Fantasy_Man: Ich bin sehr neugierig auf Dich und wünsche Dir eine gute Nacht … schlaf gut und träum was Aufregendes!

dornröschen: Schlaf Du auch gut und bis bald …

Fantasy_Man: Wir sehen uns hier und wir werden uns Zeit lassen … Und denk auch noch an andere Dinge *grins*

dornröschen: Gute Nacht …

Die Anonymität hat es hier möglich gemacht, dass sich zwei Menschen austauschen, die im wirklichen Leben beide in einer festen Partnerschaft sind. Im direkten Gespräch mit ihrem realen Partner hätten sie das vermutlich nicht so offen getan. Trotzdem bleibt die Realität erhalten, vielmehr geht es darum, Wünsche auszusprechen und Fantasien nachzugehen. Letztere müssen nicht unbedingt ausgelebt werden, manchmal reicht allein die Vorstellung aus. Ob es sich bei den beiden aus dem Chat nur um Wünsche oder Fantasien handelt oder diese auch in die Wirklichkeit umgesetzt werden, bleibt offen.

Abdriften in eine Scheinwelt

Im Unterschied zur Anonymität ist das Kennzeichen einer Scheinwelt, dass sie wenig realitätsbezogen ist. Anonym zu bleiben bedeutet nicht automatisch, realitätsfremd zu sein; es kann sich dabei durchaus auch um das bewusste Ausleben von Wünschen oder Fantasien in einer anonymen Umgebung handeln. Anders ist es in der Scheinwelt: Sie ist eine selbst konstruierte Wirklichkeit, die jeglichen Interpretationen Raum lässt. Normalerweise steht am Anfang der reale Kontakt mit einem Menschen, man tritt sich Auge in Auge gegenüber; im Internet hingegen schwindet diese Kontaktrealität und wird durch eine Parallelrealität ersetzt, die eine bisher nicht gekannte Selektion und Konzentration auf das Wesentliche erlaubt. Eine Klientin sagte mal zu mir:»Das Internet ist ein Platz für jegliche Interpretationen und jegliches Wunschdenken.« Die beiden Personen aus dem folgenden Beispiel haben sich schon ein paar E-Mails geschickt und kurz zuvor Fotos ausgetauscht:

Liebe Anne,
Deine Augen sind so warm, sie sind klug und genau und sie schauen mich lieb an.
Deine Lippen sind so voll, die möchte ich bald küssen dürfen.
Dein Lächeln ist nur für mich da heute Nacht, zwar schläfst Du irgendwo, doch bist Du nah, 20 Autominuten und doch unerreichbar für mich. Du lächelst mir zu und Du weißt es nicht.
Das Leben rast vorbei, doch ich muss immer noch innehalten bei Deinem Bild.
Schenke mir auch einen solchen Augenblick mit Dir, oder zwei, oder drei, nein, so viele, dass ich darin ertrinke.
Ich möchte heute Nacht nicht schlafen, weil mich das zwingt, die Augen zuzumachen, und dann fehlt dieses Lächeln.

Lass mich dieses Lächeln sehen, bei Kerzenschein
und leiser Musik. Die Welt soll um uns versinken
und nur Du wirst dann noch um mich sein.
Zärtlich nehme ich Dein Gesicht in meine Hände
und küsse Deine Lippen.
Liebe gute Nacht, Oliver

Das – manchmal böse – Erwachen kommt häufig bei der
ersten Begegnung, wenn aus der Parallel- die Kontaktrealität
wird. Im wirklichen Leben haben sich Anne und Oliver deshalb nie getroffen. In ihrem lange andauernden Mailkontakt
sprachen sie zwar immer wieder von einem realen Treffen,
doch schienen sich beide ihre Traumwelt aufrechterhalten zu
wollen. Vielleicht war das auch das eigentliche Ziel.
Der Grat zwischen Fantasie und Scheinwelt ist oft schmal.
Es birgt sicherlich einen enormen Reiz, mit virtuellen Partnern erotische E-Mails auszutauschen oder Live-Chats zu
führen, in denen man seine Wünsche und Fantasien ausdrücken kann. Sich im wirklichen Leben entsprechend auszuleben, traut man sich vielleicht nicht, zumindest nicht mit
dem eigenen Partner. Das kann daran liegen, dass man entweder nicht mutig genug ist, zu seinen Wünschen und Fantasien zu stehen, oder daran, dass man diese nicht mit dem
eigenen Partner ausleben kann oder will.
Die Gefahr, in eine dauerhafte virtuelle Welt abzurutschen,
ist jedoch nicht unerheblich. Und wenn der eigentliche Partner keine Ahnung von den Wünschen und Fantasien mehr
hat, ist schon zu überdenken, woran das liegt und wie sich dieser Umstand auf die gemeinsame Sexualität auswirken wird.

Nicht zu unterschätzen – das Suchtpotenzial

Sucht teilt man in zwei Kategorien ein: Beim Konsum subs-
tanzgebundener Stoffe wie Alkohol, Drogen oder Medika-
mente handelt es sich um das sogenannte »Abhängigkeits-
syndrom«. Nicht substanzgebundene Süchte wie beispielsweise

die Spielsucht oder die Kaufsucht, fallen in die Kategorie »abnorme Gewohnheiten und Störungen der Impulskontrolle«.

Sexsucht ist (noch) keine offiziell definierte Sucht, würde aber in die Kategorie der nicht substanzgebundenen Süchte passen. Es gibt zwar keine allgemeingültige Definition des Begriffs, häufig wird Sexsucht jedoch als Hypersexualität bezeichnet, was so viel wie gesteigertes sexuelles Verlangen bedeutet und somit zu den sexuellen Funktionsstörungen zählen würde. Die Abgrenzung ist nicht einfach.

Glaubt man einschlägigen Medien, soll Michael Douglas angeblich sexsüchtig gewesen sein, was er selbst jedoch immer wieder dementierte. Der *Akte X*-Star David Duchovny soll eine erfolgreiche Therapie in einer Klinik absolviert haben, nachdem angeblich seine Ehe auf dem Spiel stand, weil er sich täglich mehrere Stunden im Internet auf entsprechenden Seiten und in Chatrooms herumgetrieben haben soll. Der Top-Golfer Tiger Woods verbrachte Wochen in einer Klinik, um seine Sexsucht therapieren zu lassen; seine Ehe zerbrach an den zahlreichen Affären. Was daran wahr und was Klatsch und Tratsch ist, wissen wir nicht. Was sich jedoch zeigt, ist, dass das Thema »Sexsucht im Zusammenhang mit dem Internet« zunehmend Raum in der sexualtherapeutischen Praxis einnimmt und es bisher wenig Erfahrungen im Umgang mit diesem Störungsbild gibt. Konflikte, die daraus entstehen, dass ein Partner sich verstärkt im Internet auf entsprechenden Seiten bedient, führen oft in eine Beziehungskrise und somit in meine Praxis. Das ist eine ganz neue Art von Sexsucht, die uns in Zukunft noch wesentlich mehr beschäftigen wird, als wir bisher annehmen.

Das Überangebot an pornografischen Seiten, sexuellen Chats und Live-Sexshows, in die man sich mit wenig Aufwand reinklicken kann, erscheint zunächst wie ein Schlaraffenland. Meist wird nur noch eine gültige Kreditkarte benötigt, um die gebratenen Tauben direkt in den Mund fliegen zu lassen. Dies hat jedoch meist auch Auswirkungen auf das soziale Umfeld wie beispielsweise den Partner oder die Familie. Der Sog, den das Internet auf den surfenden Partner ausübt, kann als potenzielle Gefahr jede Partnerschaft »befallen«. Damit ist nicht ein gelegentlicher Ausflug in die Cyberwelt gemeint, sondern ein Verhalten, dessen Ausmaß die eigentliche Kernbeziehung schädigt. Sich nahezu ausschließlich und dauerhaft im oder über das Internet selbst zu befriedigen, bedeutet, sich nicht mehr auf den Partner einzulassen. Es gibt keine echte Intimität mehr, keine wirkliche Nähe. Man erreicht das häufig erklärte Ziel, den sexuellen Höhepunkt, ohne echte Auseinandersetzung. Es scheint eine bequeme Methode zu sein, um sich Erleichterung zu verschaffen; nicht selten geht sie bei den betroffenen Personen auch mit starken Schuldgefühlen einher. Aus der Lust wird dann schnell auch Leid.

Lars (24) ist seit drei Jahren mit seiner Freundin Saskia (23) zusammen. Die beiden leben seit einem Jahr in einer gemeinsamen Wohnung. Saskia arbeitet als Kindergärtnerin, Lars ist noch mitten in seinem Medizinstudium. Das Internet war schon immer eins von Lars' Hobbys, allerdings zog er sich in den letzten Monaten immer mehr zurück, sowohl partnerschaftlich und sexuell als auch räumlich. Saskia gegenüber behauptete er, er habe viel zu tun und müsse im Internet noch einiges für die Uni recherchieren. Das stellte sie zunächst zufrieden.

Doch eines Tages wunderte sich Saskia darüber, dass in Lars' Papierkorb auffallend viele zerknüllte Taschentücher lagen. Fast jeden Nachmittag, wenn sie von der Arbeit kam, saß Lars bereits wieder am PC, angeblich schwer mit Arbeit beschäftigt. Als Lars in der Uni war, setzte sich Saskia an seinen Rechner und öffnete den Verlauf des Internet-Browsers. Sie entdeckte unzählige pornografische Internetseiten und stellte Lars abends zur Rede. Er versuchte erst gar nicht, nach Ausreden zu suchen, und gestand Saskia, dass er sich oft Pornografie ansehe und sich dabei befriedige. Das habe aber nichts mit ihr zu tun. Die beiden gerieten in eine ernste Krise, die sie zunächst gemeinsam meisterten. Lars versprach ihr, das nicht mehr zu tun, doch war Saskia weiterhin auf der Hut und lauerte auf Anzeichen eines eventuellen Rückfalls. Dabei überraschte sie ihn dann auch eines Tages, als Saskia früher als angekündigt nach Hause kam.

Inzwischen hat sich Saskia von Lars getrennt, da das Vertrauen zwischen ihnen völlig verloren gegangen war.

Lars' Geschichte ist kein Einzelfall. Ob es sich dabei um Sexsucht handelt, ist schwer zu sagen. Nachdem die Beziehung an den Folgen zerbrochen ist, waren die Auswirkungen des angeblichen Hobby-Surfens doch beträchtlich. Bei Lars stand die Jagd nach dem Höhepunkt absolut im Vordergrund, die Beziehung war zweitrangig geworden. Zu den Folgen einer klassischen Abhängigkeit gehören die Vernachlässigung des sozialen Umfelds, eine Toleranzentwicklung, die eine Dosissteigerung bedeutet – man will also immer mehr von dem »Stoff« –, und eine verminderte Kontrollfähigkeit bezüglich des Konsums. In extremen Fällen kann es sogar so weit gehen, dass Menschen körperlichen Schaden nehmen. All diese Aspekte findet man auch bei der Sexsucht, die wie gesagt offiziell keine ist.

Volker (39) ist mit Astrid (35) seit fünf Jahren verheiratet, die beiden haben ein gemeinsames Kind (5). Volker ist der Hauptverdiener in der Familie und hat lange Arbeitszeiten. Er ist selten vor 20 Uhr zu Hause und sieht seinen Sohn meist nur ein paar Minuten vor dem Zubettgehen. Nachdem er schnell etwas gegessen hat, zieht er sich üblicherweise in den Hobbyraum zurück, um dort am Rechner im Internet auf Sexseiten zu surfen. Dieses »Hobby« ist inzwischen zu einer Belastung für die ganze Familie geworden. Volker hat sich durch seine tägliche Sucht nach dem erotischen Kick aus dem Familienleben komplett zurückgezogen und führt eine Art Parallelleben in seinem Hobbykeller. Sex mit seiner Frau gibt es keinen mehr, nur noch Arbeit und »Hobby«.

Astrid kam allein zu mir in die Praxis und bat mich um Hilfe. Leider konnte ich ihr aber nicht helfen, da Astrid Volker nicht »heilen« kann und Volker nicht zu einem gemeinsamen Termin bereit war. Die betroffene Person selbst muss aus der Sucht oder suchtähnlichen Situation aussteigen wollen, muss Hilfe zulassen können und annehmen – unabhängig davon, ob es sich um die klassische, substanzgebundene Sucht oder um sogenannte Porno-, Sex- oder Internetsucht handelt. Wenn das nicht der Fall ist, kann der »abstinente« Partner nur versuchen, einen Weg zu finden, mit der Situation umzugehen; dabei muss er aufpassen, nicht selbst in die Rolle des Co-Abhängigen zu rutschen.

Obwohl in der oben dargestellten Situation keine dritte Person im Spiel ist, handelt es sich im übertragenen Sinn um eine Dreiecksbeziehung – nur dass der (un)sichtbare Dritte in diesem Fall keine Person, sondern »nur« das Internet ist. Ebenso kann beispielsweise Alkohol den Platz des (un)sichtbaren Dritten einnehmen, es ist also nicht so sehr entscheidend, wer oder was der (un)sichtbare Dritte ist. Die häufige Folge, sich nicht mehr auf die eigentliche Partnerschaft einlassen zu können, ist hier ebenso gegeben wie bei einer klassischen Außenbeziehung. Solange dieser Platz an einen Dritten vergeben ist, kann an der Kernbeziehung nicht wirksam gearbeitet werden.

Suchtähnliche Situationen

Zur Sucht wird Sex häufig im Zusammenhang mit Selbstbefriedigung; es gibt aber auch andere Fälle, in denen das Surfen im Internet Suchtcharakter aufweist. Reiht sich ein Seitensprung via Internet an den anderen, könnte man dies sicher ebenfalls als eine Art Sucht bezeichnen.

Nadine (28) und Daniel (34) haben sich bei einer Partnersuchagentur im Internet kennengelernt. Sie sind seit knapp einem Jahr ein Paar, wohnen noch in getrennten Wohnungen, denken aber darüber nach, zusammenzuziehen. Nachdem für Nadine die Beziehung mit Daniel in eine klare Richtung läuft, meldet sie sich im Partnersuchportal ab. Daniel bleibt jedoch angemeldet und hat weiterhin, ohne Nadines Wissen, Kontakt zu anderen Frauen, mit denen er sich auch trifft. Als Nadine eines Nachts nicht schlafen kann, erliegt sie der Versuchung, in sein Handy zu schauen, und erfährt auf diese Weise, dass Daniel bei seiner Suche nach einer Partnerin offensichtlich noch nicht angekommen ist. Was sie selbst als selbstverständlich sah, schien für Daniel nicht in gleichem Maße zu gelten.

Daraufhin kamen die beiden zu mir. Es zeigte sich nach einiger Zeit, dass für Daniel die Beziehung nicht so klar war wie für Nadine. Ihre Signale waren nicht eindeutig genug für ihn, sodass er aus einer, wie er es nannte, »Unsicherheit« heraus weiterhin auf der Suche war. Zudem spielte für ihn die Sexualität eine große Rolle; da er diese schon in seiner vorherigen Beziehung nicht befriedigend leben konnte, war er nun äußerst sensibilisiert. Das trug ebenfalls zu seiner Verunsicherung bei. Durch eine verbesserte Kommunikation, einen direkteren Austausch und entsprechende Kompromisse hinsichtlich ihrer Wünsche – auch im sexuellen Bereich – gelang es den beiden, (wieder) zueinander zu finden. Vor einigen Monaten zogen sie in eine gemeinsame Wohnung und fühlen sich nun auch stark genug, die Situation gemeinsam zu meistern.

Das Fallbeispiel zeigt, wie belastend der Seitensprung via Internet für eine Beziehung sein kann, obwohl es sich hier bei Daniel nicht um Sucht im klassischen Sinne handelt, sondern eher um die Sucht nach der weiteren Suche.

Auswirkungen auf die Kernbeziehung

Ein Seitensprung, gerade wenn es sich nicht um eine einmalige Sache handelt, birgt die große Gefahr, dass er sehr viel Energie aus der Kernbeziehung ziehen kann. Der Aktive muss in doppeltem Maße aktiv sein. Einerseits muss er dem (un)sichtbaren Dritten gegenüber gerecht werden, denn er selbst hat ja eine entsprechende Sehnsucht nach diesem, andererseits muss er aber auch in der eigentlichen Partnerschaft präsent sein. An folgendem Beispiel wird die daraus entstehende Problematik deutlich:

Dörthe (36) und Florian (41) sind seit acht Jahren verheiratet und haben einen sechsjährigen Sohn. Florian ist als selbstständiger Grafiker überwiegend von zu Hause aus tätig, während Dörthe nach einer längeren Kinderpause wieder in ihren Beruf als Einkäuferin zurückgekehrt ist. Viele von Dörthes Freundinnen sind Singles und einige haben bereits Sexpartner im Internet kennengelernt. So kam sie selbst vor zwei Jahren auf die Idee, sich ebenfalls dort umzusehen, und hat vor einem guten Jahr so Jakob kennengelernt. Dörthe und Florian führen eine »normale« Ehe, wie sie sagt, haben auch noch Sex, wenn auch nicht besonders aufregenden. Florian sei ein wunderbarer Vater und ein guter Ehemann.

Anfangs sei es die Neugier gewesen, die sie ins Internet getrieben habe, aber seit sie Jakob kennt, sei sie hin und weg und die anfangs leichte und lockere Affäre werde zunehmend schwieriger. Bei ihm findet sie pure Erotik, Leidenschaft, Begehren, Dinge, die sie in diesem Maße von Florian, ihrem Mann, so nicht kennt und auch zuvor noch nicht kennengelernt hat. Dörthe und Jakob treffen sich mindestens einmal die Woche, meistens sogar öfter. Sie versuchen einen gemeinsamen Abend zu verbringen; manchmal schaffen sie es auch, sich in der Mittagspause zu einem schnellen Kaffee zu verabreden. Ansonsten bleiben nur E-Mails, SMS und kurze Telefonate zwischendrin. Jakob ist ebenfalls in einer festen Beziehung, jedoch nicht verheiratet und noch ohne Kind. Zunehmend wird es für Dörthe schwieriger, sich zu Hause mit Florian so zu benehmen, wie früher. Ihre Gedanken sind stets bei Jakob. Ihre Berufstätigkeit, den Haushalt und die Kinderbetreuung schafft sie nur durch Florians Hilfe, da dieser durch seine freie Zeiteinteilung auch mal spontan einspringen kann, wenn Not am Mann ist. Dadurch, dass Dörthe versucht, sich so oft es geht mit Jakob zu treffen, bleibt auch wenig Zeit für Kontakte mit ihren Freundinnen, die teilweise eingeweiht sind, schon um ihr »Alibis« zu verschaffen. Die Sexualität, die Florian derzeit ausschließlich von ihr einfordert, kostet sie große Überwindung, obwohl sie ihn liebt, wie sie sagt. Die Zeiten, in denen sie in ihrer Ehe sexuell die Aktivere war, scheinen vorüber zu sein, was Florian beanstandet. Gedanklich erlebt er sie auch immer mehr abwesend und erst neulich fragte er sie konkret, ob sie ihn denn überhaupt noch lieben würde. Sofort begann Dörthe, sich wieder vermehrt und verstärkt um ihn zu bemühen, jedoch reicht ihr die Energie kaum aus, um allen gerecht zu werden. Da sind ja immerhin auch noch der Sohn, ihr Job, Freunde, Familie und zusätzlich noch Jakob, die Bedürfnisse anmelden.

Der Fall von Dörthe zeigt sehr deutlich, wie sich Affären mit zunehmender »Lebensdauer« ausweiten können. Sie nehmen nicht selten immer mehr Raum ein, vor allem mehr, als zunächst beabsichtigt. Selbstverständlich ist das nur dann der Fall, wenn sich das Seitensprungpaar auch emotional nahesteht beziehungsweise sich im Laufe der Zeit immer näherkommt. Meist ist es nur eine Frage der Zeit, wann hier Klarheit und somit eine Entscheidung gefunden werden muss. Auf Dauer wird zumindest Dörthe keinem mehr gerecht, am allerwenigsten sich selbst.

Drei sind einer zu viel

Geht es beim Surfen im Internet nicht um Selbstbefriedigung, sondern entwickelt sich daraus ein Seitensprung, besteht die Gefahr für die Kernbeziehung einerseits im Bekanntwerden der Affäre – ein immenser Vertrauensbruch, der tiefe seelische Verletzungen des Passiven durch den Aktiven nach sich ziehen kann. Ein Großteil der Partnerschaften übersteht diese Belastung nicht. Andererseits kann die Kernbeziehung Gefahr laufen, durch die Seitensprungaffäre ersetzt zu werden. Gerade bei einer länger dauernden Affäre passiert es durchaus, dass sich die Seitensprungpartner ineinander verlieben, wie wir im vorherigen Beispiel gesehen haben. Plötzlich wird aus dem einmaligen Fremdgehen eine intensive und emotionale Beziehung, obwohl es doch nur Sex war! Eine Entwicklung in diese Richtung hat in entsprechendem Ausmaß immer Folgen für die Kernbeziehung. Etwa durch die fehlende Energie, die der Kernpartnerschaft durch eine Außenbeziehung entzogen wird. Häufig fühlen sich die Seitensprungpartner durch zunehmende intensive Gefühle in ihren Kernpartnerschaften nicht mehr wohl; das Leiden beginnt. Entweder auf einer Seite oder auch auf beiden Seiten. Wird der Leidensdruck zu groß, kommt es manchmal auch zur Trennung vom ursprünglichen Kernpartner, wodurch sich der Ursprungskontrakt zwischen den ehemaligen Seitenspringern verändern kann. Sind beispielsweise beide Partner fremdgegangen, wird aus einer anfänglichen Vierecksbeziehung eine Dreiecksbeziehung, es entsteht ein Ungleichgewicht. Der mittlerweile getrennte Partner wird andere Ansprüche an den gebundenen Partner stellen, als es vorher der Fall war. Die anfangs gleiche Augenhöhe gibt es nicht mehr. Drei sind eben einer zu viel.

Safer Sex – auch im Netz

Wie bei jedem ungeschützten Sex mit fremden Personen besteht natürlich auch beim Seitensprung, den man via Internet arrangiert hat, die Gefahr, sich mit sexuell übertragbaren Krankheiten anzustecken – oder schwanger zu werden. Safer Sex ist deshalb auf jeden Fall Pflicht, insbesondere da es bei einem »echten« Seitensprung immer einen Kernpartner gibt. Diesem festen Partner gegenüber besteht die Pflicht, ihn nicht durch ungeschützten Risikosex in gesundheitliche Gefahr zu bringen. Auch wenn sich das Seitensprungpaar nach einer längeren Affäre inzwischen kennt, sollte immer daran gedacht werden, dass mindestens mit einer weiteren Person sexueller

Kontakt bestehen kann, wenn feste Partner vorhanden sind. Dann betrifft die Sache auf jeden Fall drei oder vier, wenn nicht sogar noch mehr Personen, sollte es der feste Partner mit der sexuellen Treue auch nicht so genau nehmen.

Interviews aus dem Seitensprungportal

Die nachstehenden Interviews habe ich mit Menschen geführt, die ich über ein Seitensprungportal kennengelernt und getroffen habe. Sie wussten bereits im Vorfeld von meinen Buchrecherchen und gaben ihr Einverständnis zum Abdruck der Interviews. Selbstverständlich wurden diese entsprechend abgeändert, sodass keinerlei Rückschlüsse auf die Personen gezogen werden können.

Ihre Aussagen und ihre erkennbare Einstellung zu den Themen Sexualität und Seitensprung sowie ihr Verständnis von Treue verdeutlichen noch einmal, wie individuell diese menschlichen Bereiche heute wahrgenommen werden. Gleichzeitig ist es interessant herauszulesen, was es im Seitensprungportal alles gibt, nach welchen Mustern das Kontaktknüpfen in den Portalen abläuft, und was in den »Seitenspringern« ausgelöst wird:

Uwe (48)

Uwe gehört zu den Menschen, die »zufällig« in einen Seitensprungchat geraten sind, also nicht bewusst danach gesucht haben – und das sind erstaunlicherweise so ziemlich alle. Er gibt gern zu, dass ein bisschen Alkohol und Alltagsfrust dazu beitrugen, dass er sich nach ein paar Klicks plötzlich in einem Seitensprungforum wiederfand. Schließlich seien diese Seiten ja auch sehr gut aufgemacht: Sie stacheln die Neugier an, und neugierig und abenteuerlustig seien doch fast alle Menschen, meint Uwe.

Uwe ist geschieden, lebt aber seit einigen Jahren wieder in einer festen Beziehung, allerdings in getrennten Wohnun-

gen. Aus seiner Ehe hat er drei Kinder, wovon zwei in seinem Haushalt leben. Das ist auch der Grund, warum er nicht mit seiner Freundin zusammenwohnt; er gibt jedoch ebenfalls zu, sich nicht gleich wieder so intensiv binden zu wollen.

Uwe hat eine sehr lockere Art, Frauen anzuschreiben; oder, wie er es selbst ausdrückt:»Meine Masche scheint wohl zu greifen.« Er hatte schon viele nette Kontakte und unterscheidet sich dadurch deutlich von den anderen Menschen, mit denen ich gesprochen habe. Diese beklagen hauptsächlich, dass sie nicht ausreichend intensive Kontakte bekamen. Uwe hingegen hatte sogar Bekanntschaften, die auch weiter reichten, als nur gemeinsam einen Kaffee oder ein Bierchen trinken zu gehen. Er beschreibt sich selbst als»neupubertierend« und erklärt dies damit, dass er in seiner echten Pubertät zwischen 16 und 24 eher Schwierigkeiten hatte, bei Mädchen beziehungsweise Frauen zu landen. Uwe bekam gerade in dieser Zeit viele Körbe und war ein absoluter Spätzünder. Er vermutet bei sich einen Nachholbedarf: Er heiratete mit 26, als seine Pubertät gewissermaßen gerade erst abgeschlossen war. Im Nachhinein betrachtet, so Uwe, sei das wohl viel zu früh gewesen. Insgesamt war Uwe 17 Jahre verheiratet, während dieser Zeit kamen die drei Kinder. »Durchschnittlich war unser Sexleben zehn Jahre lang einigermaßen erfüllt. Das ist jetzt gut gerechnet, es war aber schon erodiert!« Bis dahin hatte Uwe seine Frau nie betrogen. Die Kommunikation mit ihr beschreibt er als schon immer etwas problematisch. Nicht nur in puncto Sexualität gab es Vorwürfe, auch allgemein. Es traten immer mehr Streitigkeiten auf, bis er irgendwann feststellte, dass seine Frau eigentlich gar keine Lust mehr auf Sex hatte.

Dieser Feststellung folgte ein Verhältnis mit einer Arbeitskollegin, das sieben Jahre dauerte. Er beschreibt es als»lockere« Affäre, mehr wollte er auch nicht. Die Kollegin allerdings schon, da sie selbst zu dem Zeitpunkt Single war. Sie stellte jedoch nie Forderungen. Auf einer Dienstreise, im Rahmen eines Projektes, verliebte er sich eines Tages in eine andere

Frau, was seine »Affäre« herausfand und daraufhin die Beziehung schlagartig beendete. Erst zu diesem Zeitpunkt wurde Uwe bewusst, wie sehr er doch an seiner »Affäre« hing; sie war wohl nicht ganz so locker, wie er immer gedacht hatte. Trotzdem ist er auch bis heute sehr dankbar, dass er das Gefühl des Neuverliebtseins in die andere Frau noch einmal erleben konnte. Nach Beendigung des Projekts war jedoch auch diese Verbindung rasch vorbei. Erst dann trennte sich Uwe von seiner Frau, was er als viel zu spät beschreibt: »Wir waren wegen der Kinder viel zu lange zusammen geblieben, und mit der Trennung habe ich bewusst ›Ballast‹ abgeworfen.«

Mittlerweile hat Uwe seit einigen Jahren eine neue Beziehung. »Es gibt keinen Stress, aber scheinbar ist nicht alles in Ordnung, sonst wäre ich ja wohl kaum in einem Seitensprungforum gelandet.« Seine neue Freundin und er sehen sich selten, obwohl er sie gern öfter treffen würde. Eigentlich würde er sich von ihr mehr Unterstützung wünschen, hat dies aber nie direkt eingefordert. Bei der gemeinsamen Sexualität glaubt er, dass sie eher ihm zuliebe mitmacht; er ist inzwischen sehr verunsichert, ob es ihr jemals Spaß gemacht oder ob sie es nur gut gespielt hat. Uwe ist seit einem Jahr im Seitensprungforum angemeldet. Es sei wie ein Spieltrieb bei großen Kindern, sagt er. Er hatte einige Kontakte und auch Sex. Er sieht es ein bisschen wie eine Sucht, eine Sucht nach Selbstbestätigung. Es sei schwer zu beschreiben.

Uwe spricht auch zum ersten Mal die Gefahren des Chats an. »Man kann sich den Flirtpartner virtuell konstruieren, sozusagen ›malen‹. Dahinter steht eine Dynamik, eine Psychologie, die in ihrer Einfachheit greift. Ich habe schon Fantasien entwickelt, bis hinein ins Erotische, bei denen es richtig abging, obwohl ich den Menschen noch nie gesehen habe.«

Tatsächlich übe es eine enorme Faszination aus, Menschen verhältnismäßig einfach über das Internet kennenzulernen, denn in einer Kneipe an den Nebentisch zu gehen und jemanden anzusprechen liege einfach nicht jedem. Die erste Hemm-

schwelle sei im Internet schon einmal umgangen. Dort stehe
das Unverbindliche ganz oben an. Wenn es zu viel oder zu
heiß wird, kann der virtuelle Gesprächspartner einfach weg-
geklickt werden.

Uwe glaubt, dass Männer häufiger im Internet sind als Frauen,
weil sie »ihre Gene mehr streuen«. Er spielt damit auf die
Steinzeittheorie (siehe S. 47) an und hat sich offensichtlich
so seine Gedanken zu diesem Thema gemacht. Er glaubt zu-
dem, dass das »Verantwortungsphänomen« für die Wahl des
Internets entscheidend sei. Männer gingen nicht nur für Sex
zu Prostituierten, sondern auch, um sich von der Verantwor-
tung für den Sex, für den sie ja schließlich bezahlen müss-
ten, »freizukaufen«. Sie kommen – im wahrsten Sinne des
Wortes! – und gehen wieder; ein faires Geschäft, das es im
wirklichen Leben so nicht gibt. Im Internet sei das ähnlich:
Man lernt sich leicht kennen und kann ein Date ausmachen,
das zunächst keine Folgen hat. Außerdem kann man durch
gezielte Suchkriterien ungehindert seinen Fantasien nach-
gehen: Uwe etwa sucht nach einer Frau mit braunen Haa-
ren, die etwas mollig und kleiner als 1,70 Meter sein sollte. Er
bezeichnet das selbst als eine Art Selbstbefriedigung mit PC.
Im Internet fällt es ihm leicht, über seine Fantasien und Vor-
lieben zu sprechen; mit einer realen Partnerin kann er das
hingegen nur schwer. Er hat die Erfahrung gemacht, dass
dies an verschiedenen Ebenen liegt, die im Netz selbstbe-
stimmt gewählt werden können. Mal erzählt man sich aus
dem Leben, mal schreibt man sich erotische Geschichten;
das variiert von Mail zu Mail und hat weniger Konsequenzen
als im »echten« Leben. Für ihn liegt die Faszination in »der
Einfachheit, es prickeln zu lassen«.

Erasmus (51)

Erasmus ist seit über 20 Jahren mit seiner Freundin zusam-
men. Die Sexualität sei schon immer ein »Störfaktor« zwischen
ihnen gewesen, erzählt er. Das Bedürfnis seiner Freundin da-

nach hielt sich immer in Grenzen, sie war auch nie neugierig darauf. Erasmus war ihr erster Sexualpartner, sie hatte keinerlei Vorerfahrungen.

Erasmus glaubt, dass manche Menschen von sich aus einfach danach suchen. Manche Menschen brauchen Sex und missbrauchen ihn als Machtspiel. Andere haben scheinbar gar keinen Trieb, als ob ein Riegel vor etwas geschoben sei, an das man einfach nicht herankommt. Er fragt sich, ob es eventuell auch anatomisch bedingt sein könnte – zarte Frauen hätten bei ihm nämlich eher Probleme. Er kennt aber auch Frauen, die noch nie einen Orgasmus hatten und trotzdem heiß auf Sex waren. Seiner Meinung nach suchen Frauen über die Sexualität die Nähe zum Partner, besonders dann, wenn man nicht zusammenwohnt. Bei ihm kommt jedenfalls erst der Sex und dann der Beziehungswunsch.

Mit seiner Freundin hat Erasmus oft über Sex gesprochen, vor allem wenn er ihn seiner Meinung nach nicht häufig genug bekam. Dabei machte sich allerdings immer eine schlechte Stimmung breit. Seine Freundin fühlte sich dann unzulänglich. »Ich will da auch nicht zu offensiv werden, weil ich dann ja verletzend werden würde. Und irgendwann habe ich aufgegeben. Ihre Lust ist halt nicht so da, und sie kann sie sich ja schließlich nicht aus den Rippen schneiden.«

Er versucht mir zu erklären, dass viele Frauen von dieser »Seuche« betroffen seien. In seinem Bekanntenkreis sei das auch so. Erst sind die Paare immer mit etwas beschäftigt, zum Beispiel mit dem Hausbau, und wenn sie dann mit sich allein sind, gähnen sie sich an. Mit jedem Partner sei der Sex anders, in jedem Fall müsse jedoch eine Anziehung da sein. Manchmal allerdings sei die sogar sehr stark, der Sex aber trotzdem nicht der Hit.

Erasmus hat seit Beginn seiner festen Partnerschaft deshalb immer wieder Außenbeziehungen, um sich dort den Sex zu holen, der ihm innerhalb seiner Partnerschaft fehlt. Er findet, dass Außenbeziehungen die häusliche Sexualität positiv beeinflussen. Es gab auch Affären, bei denen er nahe dran war

»abzuspringen«; doch auch da fehlte jedes Mal irgendwie etwas, sodass er doch lieber bei seiner Freundin geblieben ist. Seine Freundin wisse nichts von seinen Seitensprüngen und wäre sicher nicht begeistert, aber sie wolle wohl auch nicht wirklich hinschauen.

Er hilft sich, neben den zahlreichen Affären, auch mit viel Sport über die Runden. »Wenn ich Sport mache oder viel arbeite, bin ich abends müder und will eher schlafen gehen. Ich umgehe damit unser Dauerthema. Im Urlaub ist es meist besser, da ist man entspannter, da geht dann auch manchmal was. Grundsätzlich ist Sexualität bei uns schon noch vorhanden, aber der ›Schlüssel‹ dazu ist nicht wirklich da.«

Zu den Seitensprungseiten im Internet ist er durch einen Freund gekommen, der ihm davon erzählte. »Man unterhält sich halt über die neuen Medien.« *Bisher hat er keine positiven Erfahrungen gemacht. Es gäbe viele merkwürdige Angebote, oft bekomme er gar keine Antwort auf seine Anschreiben. Viele Gesprächspartnerinnen hätten sogar ganz ähnliche Schreibstile, sodass er vermutet, dass* »Fakes« *dahinterstecken, dass also eine Person sich hinter verschiedenen Identitäten verberge. Das Mann-Frau-Verhältnis betrage in etwa 25:1, auch wenn diverse Portale etwas anderes behaupten. Es gäbe viele fingierte Profile und Karteileichen; hinter den Portalen steckten eben große Organisationen, die das Geschäft mit dem schnellen Sex machen wollten. Sehr häufig seien die Profile unvollständig, und extrem viele übergewichtige Frauen seien darunter, ebenso wie etliche bereits gelöschte Profile, was man erst merke, wenn man sie anklickt. Er wird seine Mitgliedschaft deshalb wohl nicht mehr verlängern. Außerdem sei er attraktiv genug, Frauen, die an einer Affäre interessiert sind, auch über den herkömmlichen Weg zu finden. So wie er es schon seit über 20 Jahren mache.*

Barbara (43)

»Sexualität ist der Schlüssel zu allem. In unserem Alter kann man, wenn man sich traut, alles machen und ausprobieren. Leider habe ich das erst spät festgestellt, da war ich ungefähr 40 Jahre alt.«
Barbara war zehn Jahre lang verheiratet und ist seit drei Jahren geschieden. Es gibt zwei Kinder, die bei ihr leben. Sie sagt sehr direkt: »Ich war nicht zufrieden in meiner Ehe. Der Sex war nach Drehbuch und langweilig, standardisiert; er lief immer gleich ab. Ich habe es akzeptiert, mein Leidensdruck war wohl nicht groß genug. Bequemlichkeit, Gewohnheit, Sicherheit standen im Vordergrund. Seitensprünge gab es keine aus Überzeugung. Hätte ich nicht diese starke Moralvorstellung, wäre es sofort passiert!«
Auf die Frage, warum sie mit ihrem Mann darüber nicht reden konnte, antwortet sie: »Wenn sich jahrelang etwas eingespielt hat, ist es unheimlich schwer, Veränderungen herbeizuführen. Man hat Angst, den anderen vor den Kopf zu stoßen oder selbst mit seinen Wünschen abgelehnt zu werden.« *Die Kraft, an ihrer Ehe so lange festzuhalten, haben ihr ihre Kinder gegeben. Sie nahm es eben hin, lenkte sich dabei mit vielen Aktivitäten und zahlreichen Hobbys ab und versuchte, ihre unzufriedene Ehe dadurch zu kompensieren. Wie lange das so weitergegangen wäre, weiß sie nicht, denn letztlich war es ihr Mann, der eines Tages die Trennung aussprach.* »Das kam für mich völlig überraschend und zog mir den Boden unter den Füßen weg! Damit hätte ich niemals gerechnet. Es war eine harte Zeit.« *Heute ist sie froh, denn sie hätte eine Trennung nicht in Erwägung gezogen.*
»Mit 20 hat man sicher noch andere Wünsche und Vorstellungen als mit 40. Das liegt daran, dass man sich weiterentwickelt. Ich konnte es nur aufgrund meiner Trennung, sonst wäre ich vermutlich stehengeblieben.«
Erst seit ihrer Trennung ist Barbara im Internet unterwegs. Sie hätte es moralisch vorher nicht vertreten können. Ab und zu hat sie Dates, mal mit Sex, mal ohne. »Ich weiß, dass das

nicht der richtige Weg ist, denn irgendwann möchte ich mal wieder einen festen Partner haben. Momentan ist es jedoch genau passend; solange die Kinder noch im Haus sind, reicht mir das, mehr will ich eigentlich auch nicht. Außerdem brauche ich sicher noch eine Weile, bis ich richtig mit meiner Ehe abgeschlossen habe. Ich habe auch mit einer Therapie begonnen. Das tut mir sehr gut. Und in der Zwischenzeit habe ich einfach ein bisschen Spaß im Netz!«

Michael (55)

Michael ist ebenfalls »zufällig« im Seitensprungchat gelandet. Durch eine Anzeige wurde er neugierig und meldete sich zunächst für drei Monate an. Was ihn von den meisten Männern im Chat unterscheidet ist, dass Michael Single ist. Als wir uns zum Interview trafen, war die Hälfte der Laufzeit verstrichen, und sein Resümee bis dahin lautete: »Ich mach das noch die paar Wochen, danach ist Schluss. Es geht einfach zu viel Zeit dabei drauf.« Er hatte viele Kontakte gefunden, scheinbar war seine Art beliebt bei den Frauen. »Die meisten wollen reden, in den Arm genommen werden, weil daheim der Alltag ist. Sie suchen eine ›feine Affäre‹.« Spannend dabei findet er, dass er es ist, der sich aussuchen kann, was er möchte: eine Affäre, eine Beziehung oder eine Partnerschaft. Er ist für alles offen.

Michael kommt aus einer 22-jährigen Partnerschaft und hat vier erwachsene Kinder. Er ist davon überzeugt, dass es immer die Kommunikation in der Partnerschaft ist, die schiefläuft. »Es muss von Anfang an geredet werden, aber das ist gar nicht so leicht. Man rutscht immer mehr in den Alltag hinein, eine Art Gewohnheitsprinzip, keiner interessiert sich mehr für den anderen, dabei würde es doch reichen, ab und zu mal eine Blume zu schenken, um dem anderen zu zeigen: Du bist mir wichtig. Läuft das schief, haben Paare dann irgendwann getrennte Schlafzimmer oder wohnen nur noch zusammen, weil sie Kinder oder ein gemeinsames Haus haben. Dann ist es ohnehin zu spät, und eine Trennung oder Scheidung steht an. Man muss von Anfang an reden, reden und nochmals reden. Dabei ist Sexualität gar nicht das Thema, es wird so schon nichts geredet.«

Die Ursache allen Übels sieht Michael schon darin, dass Beziehungen häufig unausgewogen seien. Einer kümmert sich um das Essen und um den Abwasch, der andere liegt inzwischen auf dem Sofa vor dem Fernseher. Vielleicht sagt er noch zu ihr:»Schatz, geh' mir mal 'n Bier holen«, und sie tut es. Anders wäre es, wenn man gemeinsam vor dem Fernseher säße, sich in den Arm nähme und vielleicht sogar streichelte. Es liege immer an beiden; einer fordert, der andere dient. Viele Frauen täten das, damit er zufrieden ist, und werden dann unbemerkt selbst unzufrieden.

Im Seitensprungforum bewegten sich Frauen, die nach Anerkennung suchen. Der Ehemann glaube, das Recht auf zweimal wöchentlich Sex mitgeheiratet zu haben. Frauen hingegen sei Sex nicht so wichtig wie Männern, zumindest könnten sie mit dem»rein, raus« nicht so viel anfangen. Sie seien feinfühliger und liebesbedürftiger, meint Michael. Er behauptet, dass es zu 90 Prozent die Männer sind, die ihre Frauen vernachlässigen. Er hat festgestellt, dass in den Seitensprungportalen drei Typen von Frauen zu finden sind: die Harten, die auf SM und ähnliche Praktiken stehen; die, die gelegentlich mal Sex wollen, also eine schnelle, unkomplizierte Nummer; und die, die eigentlich kuscheln wollen. Letztere machten etwa 80 Prozent der Frauen aus. Man muss den Sex pflegen, Frauen benötigten da einfach mehr Zuwendung. Danach umdrehen und schlafen ginge gar nicht. Michaels Meinung nach sollte das selbstverständlich sein, wenn man sich in einer Partnerschaft gut versteht. Natürlich verlören sich die anfänglichen Schmetterlinge im Bauch irgendwann, und Routine setze ein. Dagegen könne man aber etwas tun, den Eros neu entdecken. Das allerdings sei harte Arbeit! Und beide müssten es wollen.

Ungelöste Beziehungskonflikte

Das »Geschäft« des Seitensprungs im Internet lebt von der Hoffnung der Portalbesucher, etwas zu finden, von dem sie selbst oft nicht einmal wissen, was es ist. Ist es der Kick, der Reiz des Anonymen, die Heimlichkeit, die Gier nach Sex? Die Sehnsucht nach der körperlichen Vereinigung? Jeder Mensch hat unterschiedlichste und individuelle Gründe für das Surfen im Internet, auch und gerade, wenn es dabei um einen Seitensprung geht. Da gibt es kein Richtig und kein Falsch, kein Gut und kein Böse. Wohl auch kein Leicht und kein Schwer. Der leichteste Weg kann oft der schwerste sein und der schwerste manchmal der leichteste. Die Fallbeispiele zeigen, dass hinter dem Fremdgehen häufig ungelöste Beziehungskonflikte stecken. Und die Lösung beziehungsweise der Lösungsversuch dieser Konflikte – zunächst ergebnisoffen – wäre mit ziemlicher Sicherheit zumindest der klarere und häufig auch fairere Weg.

Das A und die Os der Partnerschaft

Sind also Konflikte in der Beziehung oft ein Anlass zum Seitensprung, sollte eine beidseitig zufriedenstellende Partnerschaft auf möglichst vielen Ebenen die beste Vorbeugung gegen Seitensprünge und Fremdgehen sein. Die Frage ist daher, wie Partnerschaft gelingen kann. Im Folgenden werden einige Punkte genannt, die eine große partnerschaftliche Relevanz haben – wobei es natürlich kaum möglich ist und auch nicht unbedingt nötig, dass alle Aspekte von einem Paar, unabhängig davon, wie gut sie harmonieren, erreicht und eingehalten werden können.

In meiner praktischen Arbeit mit Paaren stoße ich immer wieder auf Konfliktthemen, die sich in vielen Partnerschaften ähnlich darstellen. Warum gibt es eigentlich bei fast allen Geschäftsbeziehungen Verträge, nur bei Beziehungen unter Menschen nicht? Weil es um Emotionen geht? Man schließt einen Mietvertrag ab, einen Versicherungs-, einen Handy-, einen Arbeitsvertrag – aber keinen Partnerschaftsvertrag. Manche Paare schließen zwar einen Ehevertrag ab, doch darin werden im Grunde nur finanzielle Dinge geregelt. Verträge haben den Vorteil, dass die Parteien im Streitfall oder bei Nichteinhaltung auf sie zurückgreifen können, notfalls auch juristisch. Das ist in einer Partnerschaft jedoch kaum möglich. Denn in ihr sollte es ja um die Liebe gehen, die nicht verhandelbar ist.

Kann man nun im Umkehrschluss davon ausgehen, dass eine Partnerschaft keine genauen Regeln braucht? Gerade hier kommt es doch immer wieder zu Konflikten und Unstimmigkeiten. Sicherlich klingt es wenig romantisch, sich im Vorfeld einer Partnerschaft über mögliche Meinungsverschiedenheiten Gedanken zu machen, meist trägt man dann ja auch noch die viel zitierte rosa Brille. Das Interesse an- und das Verständnis füreinander sind zu Beginn einer Beziehung noch größer, und wer möchte sich schon gern vorstellen, dass sich das jemals ändern könnte? Dennoch verändern sich Beziehungen, weil sich Menschen verändern, und gerade deshalb kann es durchaus Vorteile haben, wenn ein Paar möglichst klare Regeln und Absprachen trifft; dies wurde schon beim Thema »Treue und Untreue« (siehe S. 74 ff.) deutlich.

Wiederum ist viel auf den bereits erwähnten Grundkonflikt zurückzuführen: Einerseits braucht der Mensch in einer Partnerschaft Zugehörigkeit im Sinne von Sicherheit und Beständigkeit, andererseits braucht er auch Freiheit im Sinne von Selbstverwirklichung und individuellem Ausleben der möglichen Sehnsüchte. Ziel könnte sein, innerhalb einer Partnerschaft beides verwirklichen zu können.

Zugehörigkeit trotz Selbstverwirklichung

Die Vor- und Nachteile einer Beziehung

Wägt man die Vor- und Nachteile einer Beziehung beziehungsweise des Singlelebens gegeneinander ab, wird man vermutlich irgendwo in der Mitte zwischen Zugehörigkeit und Selbstverwirklichung landen. Beides hat sein Für und Wider. Als Single kann man tun und lassen, was man will; das fühlt sich zeitweise gut an und erscheint vor allem unkompliziert. So kann man in einer Partnerschaft ganz eindeutig nicht vorgehen. Da gibt es mindestens eine weitere Person, auf die man

Rücksicht nehmen muss; man muss sich an Abmachungen und Absprachen halten, man muss sich auseinandersetzen. Da sind dauerhafte Kompromisse gefragt.

Nur durch echte Auseinandersetzung und den Austausch mit anderen Menschen kann Reflexion geschehen und als Weiterentwicklungschance genutzt werden. Durch die Präsenz in einer Partnerschaft ist größtmögliche Resonanz erst durch Auseinandersetzung möglich.

Weil aber niemand mit der Fähigkeit, ein guter Partner zu sein, geboren wird, gehören die individuell gemachten Erfahrungen zur persönlichen Entwicklung des Menschen entscheidend dazu. Manchmal klappt es schon beim ersten Anlauf, manchmal benötigt man aber auch eine ganze Reihe von Beziehungen bis entweder die richtige gefunden ist oder man selbst gelernt hat, sein Potenzial so weit auszuschöpfen, dass man mit seiner partnerschaftlichen Situation gut umgehen und leben kann.

Auch die Anforderungen und Ansprüche an eine Partnerschaft sind gestiegen, und die wenigsten Menschen sind heute noch bereit dazu, sich nur zu »arrangieren«. Hier muss man prüfen, inwieweit das den realen Möglichkeiten entspricht. Trotz dieser Entwicklung stelle ich in meiner Arbeit immer wieder fest, dass Beziehungen auch heute nicht auf die leichte Schulter genommen werden. Ganz im Gegenteil: Viele Menschen sind sehr wohl bereit, sich mit sich selbst und ihrer Partnerschaft (auch therapeutisch) auseinanderzusetzen. Denn häufig reicht die Liebe alleine eben nicht aus.

Was bedeutet Partnerschaft für den Einzelnen?

Stellen Sie sich einmal die in diesem Zusammenhang wichtige Frage: Was bedeutet Partnerschaft für mich? Nehmen Sie ein Blatt Papier und schreiben Sie die Punkte auf, die für Sie im Rahmen einer Partnerschaft bedeutsam sind. Welche Vorstellungen haben Sie davon?

Eine weitere daraus resultierende Frage wäre: Was bedeutet Freundschaft für mich? Notieren Sie sich diese Gedanken ebenfalls auf einem Blatt Papier.

Und eine dritte Frage könnte lauten: Was bedeutet Sexualität für mich? Auch das können Sie sich auf einem Stück Papier notieren.

Sich darüber Gedanken zu machen und diese auch zu Papier zu bringen, kann schon einiges bewirken. Damit lässt sich leichter beantworten, was für den Einzelnen eine Beziehung überhaupt zu einer Partnerschaft macht. Wo grenzen sich Freundschaft und Partnerschaft voneinander ab? Und zwar für jeden ganz individuell betrachtet. Welche Rolle spielt die Sexualität für den Einzelnen?

Partnerschaft, Freundschaft und Sexualität

In der Praxis zeigt sich, dass das Wort »Partnerschaft« häufig sehr ähnlich wie das Wort »Freundschaft« definiert wird; für die meisten Klienten spielt aber auch Sexualität innerhalb der Partnerschaft eine sehr große Rolle. Mit einem Freund oder einer Freundin hat man nicht zwangsläufig auch Sex. Das kann sein, kommt ja auch oft genug vor, muss aber nicht sein. Eine Partnerschaft ohne Sexualität gibt es hingegen für die meisten Menschen dauerhaft nicht, diese wird dann nicht mehr als eine »echte« definiert. Immer wieder höre ich von Klienten Aussagen wie: »Wir sind eigentlich kein richtiges Paar mehr«, »Wir führen nur noch eine Art Wohngemeinschaft« oder »Wir leben zusammen wie Brüderchen und Schwesterchen«. Die meisten mir bekannten Menschen, ob aus dem privaten oder aus dem Arbeitsumfeld, definieren eine Partnerschaft zugleich auch über die Sexualität. Findet diese nur noch selten, ungenügend, gerade ausreichend oder gar nicht mehr statt, verändert sich der Begriff »Partnerschaft« sehr schnell zu einer Art Bruder-Schwester-Verhältnis, in dem im besten Fall der Alltag gut gemeinsam bewältigt wird, die Kinder versorgt und aufgezogen werden. Wenn das für beide Beteiligten passt, gibt es kein Problem und keinen Grund, etwas zu verändern. Beide sind dann einfach ein gutes Team. In der Praxis zeigt sich jedoch, dass häufig wenigstens einer der beiden Partner damit nicht oder nicht mehr zufrieden ist. Eine Partnerschaft ohne Sex hat für viele eben eher den Charakter einer Freundschaft, woraus sich im Laufe der Zeit ein Ungleichgewicht innerhalb der Beziehung entwickelt. Es macht sich bei mindestens einem der beiden Partner eine dauerhafte Unzufriedenheit bemerkbar. Und wenn die sich einmal festgesetzt hat, ist es nicht selten zu spät. Leider kommen viele Paare erst in diesem Stadium zur Beratung, und die Auswirkungen der zu lange gelebten und zugelassenen Unzufriedenheit sind nicht ohne Folgen geblieben. Häufig haben Paare schon über Jahre versucht, eine Lösung zu finden; inzwischen ist der Leidensdruck so groß geworden, dass jede Hilfe zu spät kommt, weil die beiden »Schmerzpatienten« am Ende ihrer Kräfte angelangt sind.

Mir ist selbstverständlich bewusst, dass nicht alle Probleme, die Paare in meine Praxis führen, ausschließlich an der Sexualität festzumachen sind. Trotzdem kann ich guten Gewissens behaupten, dass ein Großteil der Schwierigkeiten auch in Zusammenhang mit der Sexualität steht.

Sexualität ist ein wichtiger Bestandteil einer gut funktionierenden Partnerschaft. So erfahre ich es von meinen Klienten. Die meisten wünschen sich jedoch auch Freundschaft in ihrer Beziehung – ein hoher Anspruch. Doch könnte man vielleicht folgende – zugegebenermaßen vereinfachte – Gleichung aufstellen:

Partnerschaft = Freundschaft + Sexualität

Dieses Kapitel beschäftigt sich mit dem A und den Os der Partnerschaft. Wenn man davon ausgeht, dass sich Freundschaft und Partnerschaft im Wesentlichen durch die Sexualität voneinander unterscheiden, beschäftigt sich dieses Kapitel im Grunde genommen deshalb ebenso mit dem A und den Os der Freundschaft. Doch nicht für jede Partnerschaft stellt Freundschaft die Grundlage dar.

Partnerschaft geschieht nicht

Partnerschaft passiert einem nicht einfach. Sie ist eine Fähigkeit und wie vieles im Leben etwas, das man erlernen muss – und kann. Manchmal nicht ohne Lehrgeld dafür zu zahlen. Doch wie heißt es so schön: Übung macht den Meister. Viele Partnerschaftsexperten sind der Meinung, es sei besser, eine schlechte Partnerschaft zu haben als gar keine. Nicht weil sie Masochisten wären, sondern vielmehr der Wachstumschancen wegen, die sich mit einer Partnerschaft zwangsläufig ergeben. Diese entstehen auch aus der gemeinsamen Beziehungsarbeit heraus. »Beziehungsarbeit« ist vermutlich für viele ein sehr hart klingendes Wort, das man jedoch schön durch »Engagement« ersetzen könnte. Manche sind zwar der Meinung, dass eine gute Partnerschaft bereits entsprechende Vorzeichen haben muss. Unabhängig davon, welche guten Vorzeichen eine beginnende Partnerschaft jedoch auch immer gehabt haben mag – ohne entsprechendes Engagement von beiden Seiten wird diese nicht lebendig bleiben.

Es ist schon viel darüber gesprochen und geschrieben worden, was die Regeln einer glücklichen Partnerschaft zu sein haben. Offensichtlich gibt es eine große Nachfrage zu diesem Thema. Wenn es aber Regeln für eine gute Partnerschaft gibt, welche sind das und für wen und in welchem Rahmen gelten sie?

Was eine gute Partnerschaft ausmacht

Partnerschaften gibt es viele. Häufig führen Menschen eine Beziehung, weil man eben eine hat. Weil die meisten eine haben. Und wer ist schon gern allein? Die Angst vor dem

Alleinsein wiegt ja auch so manches auf. Ständiges gegenseitiges Genörgel, der Versuch, den Partner umzuerziehen, oder
eine dauerhafte Unzufriedenheit stehen den Nachteilen des
Alleinlebens oder auch des Suchens nach einem geeigneten
Partner gegenüber.

Was also ist eine »gute« Partnerschaft? Gibt es die überhaupt? Und wer mag das beurteilen? Gibt es eine allgemeingültige Definition? Sicherlich nicht – im Grunde kann dies
nur jeder für sich selbst definieren. Aus meiner therapeutischen Praxis hat sich als wichtigstes Kennzeichen einer guten
Partnerschaft die Lebendigkeit herauskristallisiert. In erster
Linie sind gute Paarbeziehungen lebendig und nicht statisch.
Sie sind stetiger Veränderung unterworfen, je nach Lebens-
situation; beide Partner sind daran interessiert, einen guten
Ausgleich zueinander herzustellen. Die Partner sind im erforderlichen Maße kommunikationsbereit, denn die kommuni-
kative Auseinandersetzung mit dem anderen macht eine Partnerschaft lebendig. Setzt man sich hingegen nicht mit dem
Gegenüber auseinander, obwohl der Bedarf vorhanden wäre,
nimmt man eine resignative Haltung ein. Man lässt vieles unter den Tisch fallen, um die daraus entstehenden Konflikte zu
vermeiden. Auf Dauer kann das jedoch nicht funktionieren.
Irgendwann lebt man nur noch nebeneinander her statt miteinander.

*Mallorca – Sommer 2010: Eine Familie, die aus Vater, Mutter
und einem etwa 15 Jahre alten Sohn besteht, macht sich auf
den Weg an den Strand. Die Familie lässt sich direkt neben
mir nieder, und ich kann nicht anders, als sie zu beobachten.
Dabei ergeben sich über den Tag verteilt drei Situationen,
durch die erkennbar wird, dass diese Familie über diese routi-
nierten Momente hinaus nicht mehr ausreichend in Kontakt
miteinander steht.
Erste Situation: Ankunft. Es geht um die Frage, ob die Liegen
mit oder ohne Schirm gemietet werden sollen. Die Frau ist
der Meinung, nur die Liegen zu mieten, überlegt es sich dann*

aber doch anders, woraufhin der Mann verächtlich sagt:»Du weißt wieder nicht, was du willst.«Das wiederholt er später so laut, dass alle Umliegenden es nicht überhören können:»Da soll doch endlich mal einer die weibliche Logik verstehen!« Der offensichtlich pubertierende Sohn blickt hilflos umher, ihm ist das Ganze sichtlich peinlich.

Zweite Situation: Essen. Der Mann tätigt, ganz klassisch als Versorger, Einkäufe im umliegenden Supermarkt. Nach seiner Rückkehr setzen sich die drei für kurze Zeit auf ihren Liegen zusammen. Männlich zückt er sein Taschenmesser, um wortlos die Nahrung zu teilen.

Dritte Situation: Aufbruch. Der Mann sagt:»Gehen wir?« Die Frau nickt, packt zusammen, und der Sohn wird ebenfalls aufgefordert, seine Sachen zusammenzusuchen.

Die gesamte übrige Zeit gab es keinerlei Kommunikation zwischen den Familienangehörigen. Von Lebendigkeit keine Spur.

Oder nehmen wir Paare in Cafés, Restaurants oder am Strand. Ich beobachte sie gerne, aber stelle oft fest, dass diese über Stunden zusammensitzen, ohne dass irgendein Zeichen der Lebendigkeit erkennbar wäre. Lebendigkeit bedeutet dabei nicht, immer reden zu müssen. In einer guten Partnerschaft geht es nicht darum, in völliger Harmonie zusammenzuleben oder ständig und über alles zu kommunizieren. Aber oft reicht eine kleine Zärtlichkeit, ein Lächeln, ein nettes Wort, ein Blick, ein Sich-Ansehen, eben ein Zeichen der Zusammengehörigkeit als Paar, um Lebendigkeit in der Partnerschaft zum Ausdruck zu bringen. Ein wenig Respekt. Auch mit Freunden sitzt man ja nicht einfach leb- und lieblos zusammen und schlägt die Zeit tot.

Eine Fähigkeit, die man sich erarbeiten muss

Die Fähigkeit zur Partnerschaft wird niemandem in die Wiege gelegt. Keiner lebt eine befriedigende Partnerschaft, ohne etwas dafür zu tun. Sie wird einem nicht geschenkt (zumindest

nicht auf Dauer). Und Liebe allein reicht meist auch nicht
aus. Kein Kind der Welt vermag es, ein lebloses Paar zusam-
menzuhalten; keine äußeren materiellen Umstände wie Geld
oder Schönheit bringen es fertig, eine Partnerschaft dauerhaft
am Leben zu erhalten. Sicherlich erleichtern solche vermeint-
lich sicheren Umstände vieles, oder sie hindern die Menschen
daran, sich zu einer Trennung durchzuringen. Ausschlagge-
bend für eine gelungene Partnerschaft sind jedoch die Menschen, die diese ausmacht. Das sind in der Regel zwei Personen, egal ob Mann und Frau, Mann und Mann oder Frau
und Frau. Gleichgeschlechtliche Paare haben im Allgemeinen
dieselben Probleme wie gegengeschlechtliche. Einziger Unterschied kann manchmal das »typisch männliche« und »typisch
weibliche« Verhalten sein – hier greifen die »klassischen«
Mann-Frau-Unterschiede vielleicht nicht ganz so. Dafür greifen wieder andere.

Eine philosophische Frage

Abgesehen davon begegnet mir in meiner therapeutischen
Praxis eine Frage in diesem Zusammenhang immer wieder:
Passen wir überhaupt zusammen? Meist wird sie von Paaren
gestellt, die das gesamte Potenzial ausgeschöpft zu haben
scheinen und trotzdem keinen Weg zueinander finden. Selbst
Philosophen haben auf diese Frage keine zufriedenstellende
Antwort gefunden. Um auf Platon und seine Suche nach dem
Eins-Sein (siehe S. 20 ff.) zurückzukommen: Vielleicht passen
manche »Gegenstücke« einfach nicht zusammen, weil sie nicht
exakt halbiert wurden. Die beiden Hälften sind unterschiedlich und ergeben trotz ihrer Zusammengehörigkeit kein gemeinsames Ganzes.

Wie kann man beispielsweise erklären, dass zwei Tanzpart-
ner besonders gut zusammen tanzen und mit einem anderen
Partner nicht besonders harmonieren, obwohl auch dieser ein
guter Tänzer ist? Ist es die Chemie, die Harmonie zwischen
den beiden? Und kann man Harmonie erlernen?

> Harmonie ist das Zusammenspiel zweier oder mehr Menschen und gelingt nur bei Stimmigkeit.

Woher kommt diese grundlegende Stimmigkeit? Darauf muss wohl jeder Mensch entsprechend seiner Weltanschauung seine eigene Antwort finden. Um beim Beispiel des Tanzens zu bleiben: Es gibt gewisse Regeln und Schritte, die einen guten Tänzer erst zu diesem machen. Auch hier könnte man von den As und Os sprechen. Doch auch wenn diese Regeln eingehalten werden, gelingt ein guter Tanz nicht immer und nicht mit jedem. In einer Partnerschaft bedeutet »Zweimalkönnen« noch lange nicht »Gemeinsamkönnen«; auch wenn jeder für sich betrachtet ein ausgezeichneter Partner ist, ist eine gute Partnerschaft noch lange keine Garantie.

A wie Aktivität

Eine Partnerschaft besteht in der westlichen Welt in der Regel aus zwei Personen. Diese beiden Menschen sind in gleichem Maße für das Gelingen der Partnerschaft verantwortlich. Es muss also immer beiden daran liegen, etwas für die Beziehung zu tun. Im Alleingang funktioniert das nicht. Sonst würde einer für den anderen mitarbeiten müssen und sich dabei längerfristig überfordern.

Die Bereitschaft, etwas für die Beziehung zu tun

Das Wort »Aktivität« bedeutet tätig, unternehmend und wirksam sein, im Sinne einer Handlung etwas tun, um etwas zu verändern. Demnach geht es auch hier wieder um das Stichwort »Veränderung«.

Ich führe Aktivität als absolutes A der Partnerschaft an, weil ich sie für unumgänglich für alles, was danach folgt, halte. Ohne die Bereitschaft zur Aktivität kann nichts passieren, und die nachfolgenden Os wären ohne jegliche Bedeutung. Das kann man gut mit einer Diät vergleichen: Die Regeln kennt man – weniger und fettarm essen, Sport und Bewegung, möglichst kein Alkohol –, doch ohne die Bereitschaft, diese auch umzusetzen, passiert rein gar nichts.

Häufig erlebe ich Menschen, die mit dem Wunsch in meine Praxis kommen, dass ich nun, wo sie endlich hier sind, etwas für sie beziehungsweise für ihre Partnerschaft tun soll. Leider funktioniert das so nicht. Zu gern würde ich beiden eine Spritze verpassen, nach der Spontanheilung eintritt, doch die ist noch nicht erfunden worden. Aktiv müssen immer die Beteiligten einer Partnerschaft selbst sein, sonst niemand. Jeder Tipp, jeder Ratschlag, jede Hilfestellung, jede Idee steht und fällt mit der Aktivität der Partner. Nur sie können und müssen(!) aktiv werden, um überhaupt eine Umsetzung beziehungsweise Veränderung zu bewirken. Aktivität stellt die innere Haltung und Bereitschaft dar, etwas für die Beziehung zu tun, sich zu engagieren. Gerade hier zeigt sich auch der bedeutende Unterschied zwischen Aktivität und Aktionismus. Aktionismus ist konzeptlose Betriebsamkeit, ein zielloses Handeln. Vieles wird angerissen oder begonnen, aber nicht zu Ende geführt.

Eine gute Partnerschaft zu leben bedeutet in meinen Augen in erster Linie, dauerhafte Aktivität an den Tag zu legen. Ohne Aktivität im Sinne einer echten Auseinandersetzung mit dem Partner und seinen Eigenschaften ist jede Partnerschaft früher oder später zum Scheitern verurteilt. Und Aktionismus reicht hier leider nicht aus.

Aktivität ist nicht gleich Aktionismus.

Praktisch bedeutet das, dass Paare häufig der Meinung sind, ganz viel gemeinsam unternehmen und viel Zeit miteinander verbringen zu müssen. Wenn man das genauer hinterfragt, stimmt das zwar, doch sehe ich einen Unterschied zwischen Aktivität in der echten Auseinandersetzung und dem gemeinsamen Fernsehen auf der Couch. Ein Paar verbringt keine *aktive* Zeit miteinander, wenn beide Laptop an Laptop gemeinsam an einem Tisch sitzen. Natürlich gehört auch das dazu, man kann sich schließlich nicht ununterbrochen mit allem auseinandersetzen, man braucht auch einmal eine Pause. Bei manchen Paaren sind die Pausen allerdings zur Regel geworden.

Um aktiv zu sein, bedarf es häufig auch einer Portion Mut. Mut ist eine große Tugend, die nicht einfach zu erreichen ist. Den Mut aufzubringen, aktiv zu werden, kann bedeuten, den gewohnten Weg zu verlassen, den sicheren und bekannten Boden zu verlieren – und das macht immer Angst. Angst vor Veränderungen, Angst vor Neuem. Man sagt nicht umsonst, dass wir Menschen Gewohnheitstiere sind. Alles, was wir kennen, fühlt sich besser an, scheint sicher zu sein und macht schon dadurch weniger Angst. Doch es lohnt sich, genauer darüber nachzudenken. Neues kann man nur erleben, wenn man auch mal Gewohntes aufgibt. Das können auch Verhaltensmuster sein. Und dazu braucht man Mut.

Auf neuen Wegen gibt es keine Sicherheit und keine Kontrolle; wenn man bereits wüsste, was hinter der Wegbiegung liegt, bräuchte man ja nicht mehr hinzugehen. Mut bedeutet auch, sich auf Risiko, Unsicherheit und die Gefahr, eventuell auf Sand zu bauen, einzulassen, um dann bei möglichem Scheitern einen weiteren neuen Weg zu finden und zu gehen.

Mut heißt, etwas zu wagen, dessen Ausgang ergebnisoffen ist, aber der Veränderung dient!

Was nach dem A kommt

In unserem Fall kommt nach dem A nicht das B, sondern die Os – all das, was nach dem A, der Aktivität, zu einer gelungenen Partnerschaft beiträgt. Vorausgesetzt, dass beide(!) Partner das A als erfüllt sehen, also zur Aktivität bereit sind und den erforderlichen Mut aufbringen, Dinge anzupacken, kann es nun an die Feinabstimmung gehen. Es versteht sich von selbst, dass es wohl niemandem gelingt, in jedem dieser Punkte und das auch noch dauerhaft und am besten von beiden Seiten gleichzeitig aktiv zu sein. Das macht nichts: Allein das Bewusstsein dessen, was man gerade nicht macht, ist schon hilfreich an sich. Je mehr der unten genannten Punkte – deren Reihenfolge keine Wertung darstellt – verwirklicht werden können, desto besser ist die Prognose für eine zufriedenstellende Beziehung.

Kompromissbereitschaft und Kompromissfähigkeit

Eine gute Partnerschaft kann nur mit Kompromissen funktionieren. Kompromiss heißt, dass beide Seiten dabei ein gutes Gefühl haben müssen und keiner sein Gesicht verlieren darf. Es geht nicht darum, seinen Willen durchzusetzen, schließlich handelt es sich dabei nicht um Machtkämpfe.

Um Kompromisse zu schließen, ist sowohl die Bereitschaft dafür als auch die Fähigkeit zur Umsetzung notwendig. Meist tun sich Kompromisse nicht einfach auf, weshalb die Grundbereitschaft zur Kommunikation nötig und unumgänglich ist.

Nicht in jeder Auseinandersetzung kann ein für beide Seiten gleichermaßen akzeptabler Kompromiss erzielt werden, denn das würde bedeuten, dass beide Partner immer in gleichem Maße aufeinander zugehen müssten. Wenn keine gleichberechtigte Einigung in Sicht ist, muss es mal der eine, mal der andere sein, der nachgibt. Dann liegt ein wechselseitiger Kompromiss vor, der in der Summe auch wieder einem Ausgleich entspricht. Sonst sind Geben und Nehmen in der Partnerschaft im Ungleichgewicht.

Einseitig wird das Ganze, wenn einer das Gefühl hat, kompromissbereiter zu sein als der andere, und sich dadurch benachteiligt fühlt. Das kann auf Dauer auch die Kompromissbereitschaft beeinträchtigen; nicht selten mündet es dann in einen Machtkampf. Ein Kompromiss ist übrigens nur dann ein echter Kompromiss, wenn er der inneren Haltung entspricht. Etwas zu tun oder sich auf etwas einzulassen, zu dem man nicht wirklich stehen kann, wäre lediglich ein fauler Kompromiss und nicht auf Dauer tragfähig. Ein zunächst lapidar erscheinendes Fallbeispiel:

Jörg und Monika geraten immer wieder in Streit über das gemeinsame Fernsehprogramm. Sie haben zwei Fernseher, einer steht im Wohnzimmer, der andere im Schlafzimmer. Jörg liebt Actionfilme, Monika bevorzugt die typischen »Frauenfilme« wie Pretty Woman & Co., in denen es um Liebe und Romantik geht. Beide lieben es, im Bett fernzusehen.

Welche Kompromissmöglichkeiten haben Jörg und Monika? Entweder könnten beide ihren Filmgeschmack ändern und sich in Zukunft nur noch französische Krimis anschauen. Das wird vermutlich nicht der Fall sein. Sie könnten sich auch auf halber Strecke treffen und die Hälfte von *Rambo* und anschließend den halben *Titanic* ansehen. Auch das ergibt wenig Sinn. Bleibt also nur der Kompromiss, einmal einen Film nach Jörgs Geschmack und beim nächsten Mal einen nach Monikas Geschmack auszuwählen.

Leider funktioniert das bei den beiden aber nicht, da Jörg zu Monikas Frauenfilmen immer beißende Kommentare abgibt. Damit steht er also nicht wirklich zu dem Kompromiss. In der Folge überlässt Monika Jörg die Auswahl des Fernsehprogramms – allerdings ebenfalls nur zähneknirschend, um die Auseinandersetzung zu vermeiden. Auch das wird auf Dauer nicht von Erfolg gekrönt sein. In den Versuch, einen Kompromiss zu schaffen, hat sich bei den beiden ein Machtkampf eingeschlichen. Und auch die zunächst logische Lösung – einer sieht im Schlafzimmer fern, der andere im Wohnzimmer – greift nicht, da keiner der beiden bereit ist, seinen Lieblingsplatz im Schlafzimmer aufzugeben.

Was mit dem Fernsehprogramm begann, hat sich schließlich auf viele Lebensbereiche des Paares ausgedehnt: Jörg und Monika trennten sich nach mehrjähriger Beziehung. Das Gleichgewicht zwischen »Dominanz« und »Unterwürfigkeit« war verloren gegangen. Zu wirklichen – und notwendigen – Kompromissen waren beide nicht fähig, stattdessen trugen sie Machtkämpfe aus. Meist machte Jörg die Vorgaben, und Monika musste sich unterordnen. Einen solch hohen Preis war sie eines Tages nicht mehr bereit zu zahlen.

Kommunikation ist Pflicht

Es nützt alles Drehen und Wenden nichts: Ohne Kommunikation geht es nicht! Manchmal muss das Klischee, dass Männer nicht reden wollen und Frauen nicht *nicht* reden können, als Ausrede herhalten. Wirklich weiter hilft diese jedoch nicht. Immer wieder erlebe ich Kommunikation als einen der größten Konfliktpunkte in Partnerschaften. Dabei geht es häufig nicht nur darum, dass nicht oder zu wenig kommuniziert wird, sondern um die Art und Weise, wie Kommunikation erfolgt.

> Es geht nicht nur darum, was kommuniziert wird, sondern auch wie es kommuniziert wird.

Ein äußerst wichtiger Teil der Kommunikation betrifft den Bereich der Sexualität. Über Sex zu reden ist für die meisten Menschen unglaublich schwer. Warum das so ist, würde ein eigenes Buch füllen, weshalb ich das Thema hier nur anreißen kann. Schlagworte hierzu sind: Mut, Offenheit, sich dem anderen zeigen und sich somit auch selbst sehen, den anderen sehen wollen, sich einlassen und sich so auch – ganz »riskant« – selbst verletzbar machen.

Die nachfolgenden drei Regeln können die Kommunikation erheblich verbessern. Für mich stellen diese Gesprächsregeln gewissermaßen Erste-Hilfe-Maßnahmen dar, wenn es bei Paaren mit der Kommunikation nicht so recht klappen will.

FÜNF-ZU-EINS-REGEL Fünf positive Punkte und ein negativer Punkt. Achten Sie einmal darauf, wenn Sie mit Ihrem Partner sprechen: Wie oft sagen Sie etwas Nettes oder Freundliches zu ihm? Und wie oft machen Sie eine Bemerkung, die entweder einen Vorwurf beinhaltet oder eine Kritik oder die sogar gänzlich unnötig wäre? Für einen negativen Punkt braucht es fünf positive. Bei manchen Paaren erlebe ich das Kommunikationsverhalten immer wieder nahezu umgekehrt. Prüfen Sie sich einmal selbst.

VW-REGEL V steht für Vorwurf, W für Wunsch. Der Vorwurf ist auf das Du fokussiert: »*Du* machst immer …«. Der Wunsch ist auf das Ich gerichtet: »*Ich* wünsche mir, dass …«. Ziel dieser Regel ist es, den Vorwurf in einen Wunsch umzuwandeln und dabei möglichst keine Generalisierungen zu verwenden. *Nie, dauernd, ständig, immer* usw. sind Worte, die nur allzu gern verwendet werden. In meiner Praxis kommt es oft vor, dass einer der Partner zu mir sagt: »Sehen Sie, so macht mein Mann das *immer*!« Macht er das wirklich immer? Erstaunlich, denn wenn man genauer nachhakt, stellt sich heraus, dass das Immer inzwischen zu einer Gesprächsform geworden ist, die sich schon sehr tief in das Paarverhalten eingeschlichen hat: »*Ständig* meckerst du herum.«, »Du hörst mir *nie* richtig zu.«, »*Dauernd* muss ich dich um Sex anbetteln.« Prüfen Sie einmal für sich selbst, wie oft Sie Verallgemeinerungen und Generalisierungen verwenden und wie viele Vorwürfe dabei gemacht werden. Passen die gerade zur aktuellen

Situation, oder laden Sie nur aufgestauten Frust ab? Mehr Erfolg verspricht eine Kommunikation, die auf einem Wunsch statt auf einem Vorwurf basiert: »Ich würde mir mal wieder einen schönen romantischen Abend mit dir wünschen, mit Kerzenlicht, einem Glas Wein und vielleicht auch noch mehr.« Das hört sich doch besser an als: »*Immer* willst *du* nur die schnelle Nummer, *du* bist so unromantisch!« Es wird im Grunde das Gleiche gesagt, nur das WIE ist anders.

VERHALTEN KRITISIEREN STATT DIE PERSÖNLICHKEIT Ein schlechtes Verhalten des Partners muss man keinesfalls gut finden oder unkommentiert hinnehmen. Die Frage ist nur, wie man das kommuniziert. Denn das Ziel sollte es ja möglichst sein, eine Einsicht beziehungsweise Veränderung des Verhaltens beim anderen hervorzurufen. Wird nicht ausschließlich das Verhalten kritisiert, sondern gleich der ganze Mensch, kommt man nicht weiter. Dieser fühlt sich angegriffen und wird sich nur noch verteidigen wollen, was recht kontraproduktiv ist. Noch schlimmer ist es, wenn die Kritik mit Verallgemeinerungen und Generalisierungen einhergeht. Stellen Sie sich einmal folgende Situation vor: Sie haben versehentlich ein Glas umgekippt, und jemand sagt Ihnen: »*Du* musst auch *dauernd* irgendwas verschütten!« Ich gehe davon aus, dass die meisten Menschen nicht erfreut darüber sind, wenn sie etwas verschüttet haben, schon deswegen, weil man es wieder wegputzen muss. Weiterhin gehe ich davon aus, dass das Gesagte nicht wirklich das Verhalten kritisiert, sondern gleich der ganze Mensch infrage gestellt wird. Die eigentliche Botschaft lautet: »*Du* bist doch wirklich *zu allem* zu blöd.« Zumindest kommt das so an. Und dadurch wird die grundsätzliche Fähigkeit beziehungsweise Persönlichkeit eines Menschen kritisiert, was nicht selten in einem handfesten Streit eskaliert. Begegnet man Menschen jedoch mit dieser Haltung, wird man bei diesen kaum auf Verständnis stoßen oder eine Veränderung bewirken. Dafür ist der Angriff auf die Persönlichkeit einfach zu massiv.

Gegenseitige Wertschätzung

Zur gegenseitigen Wertschätzung gehören meines Erachtens insbesondere zwei Unterpunkte: die Achtsamkeit und Aufmerksamkeit dem Partner gegenüber und die Achtung und der Respekt, die beziehungsweise den man dem Partner entgegenbringt.

ACHTSAMKEIT UND AUFMERKSAMKEIT Eine Partnerschaft und auch die Partner brauchen dauerhaft ein gewisses Maß an Achtsamkeit und Aufmerksamkeit. Gemeint ist damit, sich selbst, dem Partner und auch der Partnerschaft Beobachtung und Beachtung zu schenken. Ist der andere für mich wirklich (noch) wichtig? Interessiert mich (noch), was er erlebt hat? Interessiert mich der Mensch (noch) im Ganzen? Jedes Paar sollte sich diese Fragen gelegentlich stellen, sie kommen gewissermaßen nie aus der Mode. Sie dienen dazu, den jeweiligen Zustand einer Beziehung wahrzunehmen und diese Wahrnehmungen gegebenenfalls auch zu kommunizieren, falls nötig auch zu verändern. In der Beziehung sollten so häufig wie möglich alle Antennen auf Empfang stehen – Partner und Partnerschaft sollten einem nie egal sein.

Hierzu zähle ich auch die Fähigkeit, sich in entsprechenden Situationen einmal in den anderen hineinzuversetzen. Das kann enorm hilfreich sein; schon dadurch lässt sich vieles anders betrachten, als es nur aus dem eigenen Blickwinkel heraus zu sehen und zu bewerten. Die Perspektive des Partners einzunehmen könnte manchen Konflikt verhindern.

Cornelia und Uwe sind seit vier Jahren eine Paar. Cornelia ist ihre Unabhängigkeit sehr wichtig. Sie hat einen großen Freundeskreis und zahlreiche Hobbys. Uwe ist hingegen sehr auf Cornelia fixiert. Zwischen beiden kommt es immer wieder zum Streit, wenn es darum geht, dass Cornelia mit ihren Freundinnen losziehen möchte; Uwe mag Cornelias Freundinnen nicht besonders. Die meisten von ihnen sind Singles, und

Uwe befürchtet, dass Cornelia dadurch eines Tages einen anderen Mann kennenlernen wird. Trotz ständiger Beteuerungen ihrerseits kann Cornelia Uwe diese Angst nicht nehmen, will aber auch nicht auf ihren Freiraum verzichten. Sie droht mit Trennung, sollte Uwe seine Eifersucht nicht endlich abstellen.

Uwe kam als Klient zu mir, weil er nicht mehr weiter wusste. Es stellte sich zunächst heraus, dass er und Cornelia völlig unterschiedliche Erwartungen aneinander und auch verschiedene Vorstellungen von einer Beziehung hatten. Weiterhin gab Uwe zu, dass auch er eigentlich ganz gern mit seinen Freunden unterwegs war, dies aber für etwas völlig anderes hielt als bei Cornelia. Und das nicht ganz zu Unrecht, denn schließlich vertraute sie ihm ja auch völlig, er ihr aber offensichtlich nicht. Plötzlich wurde Uwe bewusst, dass in einer Beziehung gleiches Recht für beide gelten muss.

Bei Cornelia und Uwe geht es jedoch noch um etwas anderes, etwa das mangelnde Vertrauen, das verminderte Selbstwertgefühl und die fehlende Reife Uwes. Dies alles versuchte er dadurch zu kompensieren, indem er Cornelia »verbieten« wollte, mit ihren Freundinnen auszugehen. Er wollte sie kontrollieren. Als Uwe dies verstand, weil er sich in Cornelias Sicht der Dinge hineinversetzt hatte, konnte er auch das nötige Vertrauen aufbringen.

ACHTUNG UND RESPEKT Stellen Sie sich doch einmal die Frage: »Wofür achte ich meinen Partner?« Fällt Ihnen dazu etwas ein? Wunderbar! Nicht selten gebe ich Paaren, deren Beziehung stark gefährdet ist, diese Hausaufgabe mit. Und ebenfalls nicht selten fällt manchen Menschen dazu nicht viel ein. Es scheint kaum Punkte zu geben, für die sie den anderen achten.

Achtung und Respekt bilden die elementare Grundlage einer Partnerschaft – und doch ist es so schwer, sie konstant auf hohem Niveau zu halten. Wenn ich sehe, wie manche

Menschen miteinander umgehen, sprechen oder streiten, fällt es auch mir gelegentlich schwer, mit diesen Menschen an den Themen »Respekt« und »Achtung« zu arbeiten. Dabei darf man auch nicht außer Acht lassen, dass unterschiedliche Menschen unterschiedliche Toleranzschwellen haben. Fühlt einer sich schon gekränkt, wenn der andere nur leicht die Stimme erhebt, liegt für andere die Schwelle deutlich höher. Jeder Mensch definiert Achtung und Respekt anders. Sicher ist jedoch, dass ein subjektiv gefühltes respektloses Verhalten eine Verletzung verursacht und einen bewussten oder unbewussten Rückzug des Partners zur Folge haben kann.

Selbstwertthemen

SELBSTWERT DES EINZELNEN Das Selbstwertgefühl ist sicherlich ein sehr schwieriges Thema. Hat man es nicht, wird dies als Mangel eingestuft, hat man es, gilt man unter Umständen als arrogant und narzisstisch. Wie so oft ist auch hier die goldene Mitte gefragt – weder Selbstabwertung noch Selbstüberschätzung. Ein gesunder Selbstwert in einer Beziehung zeigt sich etwa in persönlicher Reife, Autonomie und Reflexionsbereitschaft beziehungsweise Reflexionsfähigkeit. Diese Begriffe hängen jeweils auch miteinander zusammen.

Menschen mit geringem Selbstwertgefühl suchen und brauchen die ständige Bestätigung von außen – umso mehr, je geringer das Selbstwertgefühl ist. Häufig bietet sich ein Partner geradezu an, den eigenen niedrigen Selbstwert aufzuwerten, indem man vom anderen viel Bestätigung erhofft. Leider kann das nicht funktionieren: Man kann den eigenen Mangel nicht durch andere Menschen kompensieren. Zumindest nicht auf eine ehrliche und heilsame Art und Weise. Zunächst einmal gilt es zu prüfen, wie es zu dem geringen Selbstwertgefühl gekommen ist und was man tun kann, um es gegebenenfalls zu verbessern.

Das Selbstwertgefühl ist wie eine Droge, die wir alle dringend brauchen. Doch dieses Gefühl kann nur durch uns

selbst entstehen, es kann uns nicht von außen quasi aufge-
pfropft werden.

*Beate (51) wuchs ohne Vater auf. Sie hatte drei Geschwis-
ter, die alleinerziehende Mutter war mit sich selbst beschäftigt und schenkte ihren Kindern nicht viel Aufmerksamkeit,
Zuneigung und Liebe. Beate musste als Erstgeborene sogar
oft noch auf ihre kleineren Geschwister aufpassen, da die
Mutter viel außer Haus war. Sie lernte schon früh, Verantwortung zu übernehmen. In der Schule war sie vorbildlich und
erhielt für ihre Leistungen viel Aufmerksamkeit und Lob. So
kam sie zunächst gut durchs Leben. Als Beate ihre ersten
Beziehungserfahrungen machte, nutzte sie ihre erlernten Verhaltensweisen entsprechend. Zum einen übernahm sie viel
zu viel Verantwortung für die jeweiligen Partner, zum anderen
versuchte sie über Leistung – sie bekochte und umsorgte ihre
Männer –, deren Aufmerksamkeit, Zuwendung und Liebe zu
erringen. Sie war gewissermaßen abhängig von den Liebes-
beweisen ihrer Partner. Die kamen aber nicht in dem Maße,
wie Beate sie sich gewünscht hätte, und so klammerte sie
sich förmlich an ihre Partner. Unentwegt wollte sie hören, wie
sehr sie sie liebten. Das nahm ihren Männern förmlich die
Luft zum Atmen, und sie trennten sich alle häufig sehr schnell
von ihr.*

Beate erfuhr das Defizit in puncto Liebe schon in früher
Kindheit und versuchte, es innerhalb ihrer Partnerschaften zu
kompensieren. Das konnte jedoch nicht funktionieren. Selbstverständlich brauchen Menschen als soziale Wesen auch von
anderen Anerkennung und Bestätigung. Das ist richtig und
notwendig. Doch es ist ein Trugschluss zu glauben, dass sich
echtes Selbstwertgefühl durch die Liebesschwüre des Partners
steigern lässt.

Beate hat ihre Muster durch die Therapie erkannt und ist
heute eine reife und erwachsene Frau, die beruflich gefestigt ist. Sie hat einen großen Freundeskreis sowie zahlreiche

Hobbys und Interessen. Sie arbeitete durch viel Engagement ihre Themen auf und führt heute eine glückliche Beziehung, in der sie ganz sie selbst sein kann – ohne besondere Verantwortung übernehmen zu müssen, ohne durch hervorragende Leistungen glänzen zu müssen. Sie führt eine Partnerschaft auf Augenhöhe und wird um ihretwillen geliebt.

Mit zunehmender Lebenserfahrung und entsprechend positiven Erlebnissen kann der Selbstwert eines Menschen im Laufe des Lebens zunehmen; mit entsprechend negativen Erfahrungen kann er natürlich auch abnehmen. Fehlt jemandem ein gesundes Maß an Selbstwert völlig, erschwert und belastet das jede Partnerschaft auf Dauer. Offensichtlich leiden Frauen öfter unter einem mangelnden Selbstwertgefühl, wohingegen Männer mitunter zur Selbstüberschätzung neigen. Das führt in beiden Fällen zu einer ungesunden Entwicklung.

In Bezug auf Seitensprünge habe ich folgende Erfahrung gemacht: Je geringer der Selbstwert eines Partners ist, desto größer ist die Wahrscheinlichkeit, dass dem anderen der Seitensprung nicht verziehen wird. Je größer der Selbstwert ist, desto besser kann mit einer Seitensprungsituation umgegangen werden.

PERSÖNLICHE UND SEXUELLE REIFE Unter Reife verstehe ich zum einen die Entwicklung des persönlichen und zum anderen die des sexuellen Profils. Im Idealfall entwickeln sich beide stetig weiter, denn schließlich sieht man die Welt im Alter von 20 Jahren noch ganz anders als mit 30 oder 40 Jahren. Während in jungen Jahren die familiäre Prägung des Menschen noch stärker greift, weichen wir mit zunehmend höherem Alter durch Erfahrung und Erlerntes doch häufig von den vorgegebenen Normen ab. Fragt man junge Menschen, geben diese häufig an, dass sie ihren Partner sofort verlassen würden, wenn sie von dessen Seitensprung erführen. Hingegen äußern sich Ältere wesentlich zurückhaltender und verständnisvoller im Umgang mit diesem Thema.

Jeder von uns kennt Situationen, in denen wir uns völlig kindisch, ja kindlich verhalten. Ich beobachte in meiner Praxis immer wieder Menschen, bei denen ich das Gefühl habe, sie seien in einem gewissen Alter beziehungsweise Reifegrad stecken geblieben. Sie verhalten sich bockig und sind in keinster Weise bereit, auf den Partner zuzugehen – nicht selten weil sie dies auch nie gelernt haben. Problematisch wird es, wenn beide Partner dieser Meinung sind, denn dadurch manövrieren sie sich in Streitspiralen hinein.

Zu einer guten Partnerschaft gehört es auch, die menschliche Reife zu besitzen, einmal über den eigenen Schatten zu springen und einen Schritt auf den anderen zuzugehen, auch wenn man sich im Recht fühlt. Manchmal bewirkt das Wunder, denn der Partner ist nicht selten sehr dankbar dafür, dass ihm die Hand gereicht wird, und kann es in der nächsten Situation entsprechend zurückgeben. Auch dadurch entsteht innerhalb der Partnerschaft ein Gleichgewicht.

AUTONOMIE INNERHALB DER PARTNERSCHAFT Dieser Aspekt gehört sicherlich zu den hohen Idealen, ist aber nicht unerreichbar. Er erfordert von beiden Partnern viel Bereitschaft; die wichtigsten Grundlagen dafür sind eine gewisse Reife und ein gutes Maß an Selbstwert, sonst ist die Umsetzung problematisch.

Autonomie hat viel mit dem Verhältnis zwischen Nähe und Distanz zu tun. Dies erlebe ich in vielen Partnerschaften immer wieder als Grundkonflikt. In der Verliebtheitsphase ist es normal, dass man viel Zeit mit dem Partner verbringen will. Am liebsten möchte man das Bett gar nicht mehr verlassen. Das ist jedoch ein Ausnahmezustand, der so nicht bestehen bleiben kann. Menschen sind Individuen, sie haben ein Eigenleben, einen Bereich, den man als Individualbereich bezeichnet. Die meisten Menschen vernachlässigen diesen in der Verliebtheitsphase, was wie gesagt ganz normal ist. Wenn sich die Beziehung später gefestigt hat, ist es für eine Partnerschaft, die lebendig bleiben soll, unumgänglich, dass jeder der Partner auch wieder seinen Individualbereich pflegt. In diesen Bereich fallen alle Dinge, die man ohne den Partner tut, beispielsweise eigenen Hobbys nachgehen, sich mit Freunden oder der Familie treffen, allein verreisen und dergleichen mehr. Immer wieder erlebe ich Streitsituationen, in denen ein Partner vom anderen verlangt, er solle mit zu den Eltern fahren, schließlich gehöre er jetzt doch auch zur Familie. Es wird erwartet und gewünscht, dass dieser Partner sich wie selbstverständlich in das Bild einfügt. Tatsächlich ist das aber nicht immer möglich; da gibt es Freunde, die dem Partner nicht besonders liegen, oder Aktivitäten, bei denen einer den anderen nicht dabei haben möchte. In solchen Situationen kann es schnell passieren, dass ein Partner das Gefühl hat, seine Autonomie zu verlieren. Der andere, der das Bedürfnis in dem Maße entweder nicht hat oder bisher nicht gelernt hat, damit umzugehen, fragt sich, wieso dem Liebsten andere Dinge so viel wichtiger zu sein scheinen als er selbst. Die verhängnisvollste Aussage dabei lautet: »Wenn du mich wirklich lieben würdest, hättest du doch nicht das Bedürfnis, lieber etwas mit anderen unternehmen zu wollen.« Diese gedankliche Ableitung ist schlichtweg eine Katastrophe. Hier wird das Wort »Liebe« missbraucht – und zwar aufgrund des fehlenden oder eingeschränkten Selbstwerts. Partnerschaft kann nicht funktionieren, wenn keiner mehr Raum zum Atmen und zum eigenen Leben hat. Wenn immer alles gemeinsam gemacht werden müsste, würde das den Tod jeder lebendigen Beziehung bedeuten. Wenn es darum geht, dem Partner den nötigen Freiraum zuzugestehen, können auch starke Eifersucht und mangelndes Vertrauen eine entscheidende Rolle spielen.

Besondere Sensibilität bezüglich der Autonomie erfordert es, wenn Paare auch gemeinsam arbeiten und durch den gemeinsamen Arbeitskontext noch enger miteinander verbunden sind, was oft zu einer totalen Symbiose führt: zusammen leben, zusammen essen, zusammen schlafen, zusammen Freunde treffen, zusammen Hobbys nachgehen und zusammen arbeiten. Paare, die in Fernbeziehungen oder getrennten

Wohnungen leben, leiden hingegen seltener unter dem Auto-
nomieproblem; hier regelt sich vieles bereits durch die räum-
liche Distanz von selbst.

Autonomie trotz Partnerschaft

Distanz schafft Nähe – dieser Spruch birgt eine Menge
Weisheit in sich. Nur wer auch Zeiten ohne den Partner verbringt, kann sich über das Zusammentreffen wieder freuen.
Gewohnheit ist ein Beziehungskiller, der Alltag das, worüber
die meisten Paare klagen. Doch den Alltag selbst kann man
nicht verhindern. Die meisten Menschen müssen nun einmal
morgens aufstehen, arbeiten, die Kinder versorgen, einkaufen
und abends wieder schlafen gehen. Dort gibt es wenig Möglichkeit zu Veränderung. Aber wo es möglich ist, dem töd-
lichen Alltag entgegenzusteuern, sollte man es unbedingt versuchen. Eine Symbiose innerhalb der Partnerschaft ist nicht
gesund. Im Grunde für beide nicht, auch wenn die Problematik häufig nur auf einer Seite zu bestehen scheint.

Nicht ohne Grund gibt es inzwischen die sogenannten
LAT-Beziehungen: »living apart together«, also zusammen
sein, aber getrennt leben. Einer Studie des Deutschen Instituts
für Wirtschaftsforschung zufolge lebt in Deutschland inzwischen fast jedes sechste Paar getrennt zusammen, Tendenz
steigend. Überwiegend handelt es sich dabei um die Alters-
gruppe ab 40, die mit der Kinderplanung abgeschlossen hat.
Ich denke, wir müssen uns zukünftig wesentlich intensiver um
alternative Beziehungsformen und auch Lebensformen küm-
mern, so wie der Bedarf der Menschen es erfordert.

REFLEXIONSBEREITSCHAFT UND REFLEXIONSFÄHIGKEIT
Auch die Bereitschaft und die Fähigkeit, sich selbst kritisch zu
betrachten und mit den eigenen Wesensmerkmalen umgehen
zu können, stellen eine wichtige Voraussetzung für eine gelun-

gene Partnerschaft dar. Leider sind die wenigsten Menschen dazu bereit. Eigene Fehler beispielsweise anzuerkennen heißt natürlich nicht, dass man jede Kritik von außen annehmen muss; es sollte jedoch die grundsätzliche Bereitschaft vorhanden sein, Fehlverhalten nicht ausschließlich bei anderen zu suchen. Man kann eigene Fehler als Wachstumschance nutzen, um Veränderung an sich selbst vornehmen zu können. Das setzt auch ein enormes Vertrauen in den Partner voraus, dass dieser die Fehler nicht als Schwäche ausnutzt. Leider mangelt es aus meiner Sicht in Partnerschaften oft an diesem Vertrauen. Der eine Partner unterstellt dem anderen Boshaftigkeit und kann und will die Kritik nicht annehmen. Wird die Kritik jedoch in respektvollen Worten geäußert, sollte es möglich sein, darüber zumindest einmal nachzudenken und dann entsprechend Stellung zu nehmen. In vielen Partnerschaften kann einer vom anderen nichts mehr annehmen; er wehrt jegliche »Angriffe« ab, bis dieser keine Kritik mehr äußert. Damit entsteht Unzufriedenheit und nicht selten eine Pattsituation – einer oder sogar beide ziehen sich zurück.

Highlights setzen

Gerade Paare, die einen Großteil des Alltags gemeinsam meistern, etwa weil sie Kinder haben, müssen regelmäßig partnerschaftliche Highlights setzen. Das kann ein Paarabend sein, an dem man essen, ins Kino oder ins Theater geht. Oder man plant einen Wochenendtrip und lässt die Kinder bei Oma und Opa. Diese Paarzeit ist eine besonders wertvolle, weil sie den Alltag hinter sich lässt und aus der Routine hervorsticht. Gemeinsame Erlebnisse sind ein wichtiger Bestandteil tragfähiger Partnerschaften.

Ein weiterer Bereich, in dem für Highlights gesorgt werden sollte, ist die Sexualität, die ebenfalls nicht zur Routine werden darf. Immer die gleiche Stellung, zur gleichen Uhrzeit, immer gleich initiiert – das führt zwangsläufig zu einer gewissen Langeweile. Oder wollen Sie vielleicht jeden Tag Spaghetti mit Tomatensoße essen? Das bedeutet keinesfalls, dass sexuell ständig für Höchstleistungen gesorgt werden müsste; hier geht es vielmehr darum, ab und zu ein besonderes Erlebnis zu platzieren. Auch das stärkt die Tragfähigkeit einer Partnerschaft und macht ein Paar aus.

> Monokultur tut keinem Boden gut.

Auf jeden Fall gilt: Durchbrechen Sie die Routine! Routine muss zwar sein, da sie uns ein Gerüst bietet, an dem wir uns im Alltag entlanghangeln können, und Highlights sind nur dann Highlights, wenn es eben auch eine Routine gibt. Doch das Salz in der Suppe ist die Abwechslung, die man gegebenenfalls auch richtig planen muss.

Mit Humor geht alles leichter

Selten so gelacht! Humor hilft über vieles hinweg. Wenn's im Bett mal nicht so geklappt hat, wenn der andere wieder etwas liegen gelassen oder beim Einkauf nicht an die Milch gedacht hat, es liegt bei Ihnen: Man kann jedes Mal eine große Sache daraus machen, Sie können sich darüber ärgern und dem Partner eine Szene machen, es persönlich nehmen – oder einfach darüber lachen. Humor erleichtert viele Dinge enorm. Denn auch wenn Sie sich ärgern: Milch haben Sie deswegen immer noch keine.

Auch und gerade in Partnerschaften ist Humor sehr wichtig. Viele Paare nennen als wichtigen Bestandteil ihrer Partnerschaft, dass sie miteinander lachen können, Spaß miteinander haben, sich über die gleichen Witze, Filme oder Situationen amüsieren können. Auch das ist ein Indiz für tragfähige Beziehungen und echter »Immunschutz« gegen schlechte Stimmungen.

Bleiben Sie dran!

Vielleicht denken Sie gerade an Ihre eigene Partnerschaft und haben festgestellt, dass hier viele Punkte erwähnt wurden, die Ihnen auch bekannt vorkommen. Sei es als Dinge, die Sie umgesetzt haben, oder als Dinge, die Ihnen fehlen – die Sie selbst gegenüber Ihrem Partner vernachlässigen oder die aufseiten Ihres Partners nicht ausgeprägt genug vorhanden sind. Es ist bereits ein großer Schritt, sich über Partnerschaft überhaupt einmal Gedanken zu machen. Das Ziel, alle für die Partnerschaft wichtigen Punkte zu erreichen, wäre ein Idealzustand und vermutlich kaum erreichbar. Dennoch ist es erstrebenswert, dieses Ziel nicht aus den Augen zu verlieren und entsprechend daran zu arbeiten.

Die perfekte Beziehung gibt es wohl nicht, aber man kann die eigene Beziehung vielleicht als solche annehmen – und damit ist nicht »ertragen« gemeint, also sich ins eigene Schicksal ergeben. Vielmehr sollte man die Beziehung wirklich »tragen«, mit den Schwächen, aber auch den Stärken, die zweifellos ebenso vorhanden sind und entsprechend wertgeschätzt werden sollten.

Therapie in der Partnerschaft

Für viele Menschen hat das Wort »Therapie« einen negativen Klang. Es erinnert sie an Krankheit, Schwäche und Hilflosigkeit. Da klingt das Wort »Beratung« gleich viel freundlicher, wenngleich es bei beiden um die Veränderung von nicht oder nicht mehr zufriedenstellenden Umständen geht.

Ich persönlich sehe einen Zustand dann als behandlungsbedürftig an, wenn ein Mensch mit einer Situation oder einem Problem allein nicht mehr weiterkommt. Dann ist es ratsam, sich Hilfe beim Therapeuten zu holen, schließlich geht man bei Zahnschmerzen ja auch zum Zahnarzt oder für einen Haarschnitt zum Friseur und nicht zum Nachbarn (es sei denn, dieser ist zufälligerweise Zahnarzt oder Friseur). Ebenso kann eine Partnerschaft behandlungsbedürftig sein, wenn ein Problem in der Beziehung nicht mehr von den Partnern allein gelöst werden kann. Wenn sich einer oder beide in ihrer Beziehung nicht mehr wohlfühlen, hat das nicht nur Auswirkungen auf die Partnerschaft, sondern oft auch auf den seelischen und körperlichen Bereich der Betroffenen.

Ein Mensch muss nicht »abnorm« oder krank sein, wenn er therapeutische Hilfe in Anspruch nimmt. Deshalb nennen wir die Menschen, die zu uns kommen auch nicht Patienten, sondern Klienten.

Weiterentwicklung als Sinn des Lebens

Im Allgemeinen hat jeder Mensch eine eigene Weltanschauung, ob er sich nun bewusst damit auseinandergesetzt hat oder nicht. Diese Weltanschauung ist für den Menschen von enormer Wichtigkeit: Sie hilft ihm, das Leben aus seiner Sicht zu verstehen und den für ihn richtigen Weg zu erkennen und beschreiten zu können. Worauf diese Weltanschauung basiert – genetische Zusammenhänge, Religion, Glaube an das Karma, Astrologie –, ist im Grunde nicht wichtig. Wichtiger ist es, dass der Mensch die Grundlagen, auf denen sein Weltbild beruht, erkennt, anerkennt und entsprechend nutzt.

Zu meiner persönlichen Weltanschauung gehört unter anderem die Überzeugung, dass jeder Mensch, der einem im Leben begegnet, keine zufällige Rolle darin spielt. Unter Begegnung verstehe ich nicht die mit dem Nachbarn aus dem zweiten Stock, den man gelegentlich im Treppenhaus trifft. Ich meine Begegnungen mit Menschen, die eine nachhaltige Bedeutung für das eigene Leben hatten, haben und haben werden, wie zum Beispiel Familie, Freunde und Partner. Das bezieht sich sowohl auf positive Begegnungen im Leben als auch auf negative. Meiner Ansicht nach sind wir Menschen auf der Welt, um uns weiterzuentwickeln, um uns zu bewegen. Und Menschen, die eine bedeutsame Rolle in unserem Leben spielen, bieten uns jede Menge Gelegenheit zur Weiterentwicklung. Sie dienen als eine Art Spiegel. Je näher sie uns stehen, desto klarer ist dieser Spiegel.

Jede Begegnung eines Menschen mit einem anderen Menschen ist auch ein Spiegel seiner selbst.

Wir alle haben in unserem Leben einerseits Schicksalsbeziehungen und andererseits Wahlbeziehungen. Zu den Schicksalsbeziehungen gehören diejenigen mit den Eltern, Geschwistern oder Kindern, also mit den Verwandten. Zu den Wahlbeziehungen zähle ich insbesondere Freunde und Partner. Zu Letzterem besteht meist eine enge Bindung und große Nähe, da man in der Regel viel Zeit mit ihm verbringt. Folglich stellt er eine sehr große »Spiegelfläche« zur Verfügung.

Konflikte als Wachstumschancen

Bei vielen Paaren, die zu mir zur Beratung kommen, stelle ich fest, dass ihre Verhaltensweisen und -muster häufig wunderbar wie Zahnräder ineinander greifen. Das eine Verhalten bedingt das andere, der eine Partner bedingt den anderen. Gut genutzt könnten beide Parteien eine Menge voneinander lernen und dadurch profitieren. Leider ist das allein keine Garantie dafür, dass die Partnerschaft durch Auseinandersetzen und Hinschauen funktionstüchtig wird und das auch dauerhaft bleibt. Manchmal greifen die Zahnräder nicht (mehr) so reibungslos ineinander, was zuweilen auf eine Trennung hinauslaufen kann. In dem Fall muss man die Konflikte, Probleme und Unstimmigkeiten genauer unter die Lupe nehmen. Dass das manchmal wirklich Arbeit bedeutet, ist selbstredend. Doch nur dadurch wird Wachstum möglich.

Wachstum kann auch entstehen, wenn die Trennung bereits »vorprogrammiert« ist. Manchmal haben Menschen zu lange zu viel zugelassen und sehen keine Möglichkeiten mehr oder haben keine Kraft mehr, um einen Neuanfang zu machen. Wie unschön das Wort »Lebensabschnittspartner« auch sein mag: Es trifft den Nagel doch ziemlich auf den Kopf. Jedes Leben besteht aus verschiedenen Abschnitten und aus Menschen, die diese Abschnitte begleiten. Das beginnt bereits in der Kindheit. Normalerweise sind wir nicht in der Lage, jeden einzelnen Lebensabschnittsfreund bis an unser Lebensende mitzunehmen. Sicherlich behalten wir die Menschen, die in bestimmten Lebensphasen für uns wichtig waren, in Erinnerung, und sicherlich gibt es auch Freundschaften, die ewig halten. Doch das sind eher die seltenen Ausnahmen, und die geschehen auch nicht ohne Zutun.

Ähnlich ist das in Partnerschaften. Menschen, Dinge und Situationen verändern sich – unweigerlich. Wenn eines Tages eine Partnerschaft nicht mehr lebbar erscheint und alles Potenzial ausgeschöpft ist, kann eine Trennung der bessere Weg für beide Partner sein. Das bedeutet wiederum Veränderung. Die gute Nachricht ist: Es gibt sogar »gute« Trennungen! Ist ein Abschied gut bewältigt worden, kann auch ein guter Neuanfang möglich sein.

Warum sind Menschen, wie sie sind?

Diese Frage stelle ich mir jeden Tag mehrfach. Man wird wohl nie alles verstehen können, was zum Thema »Menschsein« gehört, denn besonders hier gilt, dass wir einer ständigen Weiterentwicklung und Veränderung unterworfen sind. Hat man gerade das eine verstanden, ist man schon wieder woanders. Doch man kann zumindest versuchen, es bestmöglich zu verstehen.

Für mich als systemische Therapeutin ist die individuelle Situation des Menschen wichtig. Der Ansatz, dass ein Mensch schon sehr früh lernt, wie er gut durchs Leben kommt, hat besondere Bedeutung. Bereits in frühester Kindheit und Jugend entwickeln wir Verhaltensmuster, die uns gut durchs Leben bringen. Diese Muster legen wir nicht bewusst an, doch gehören sie zu uns und werden im Laufe des Lebens immer wieder reaktiviert und fordern uns heraus. In einer Partnerschaft kann sich dies häufig als Konflikt bemerkbar machen, wenn ein Partner etwa ein dem anderen Partner nicht verständliches Muster verfolgt oder beide sogar gegensätzliche Muster verinnerlicht haben. Dann besteht das Ziel darin, sich diese Muster bewusst zu machen, sich genau anzusehen, woher ein bestimmtes Verhalten rührt, es zu erkennen und es anzunehmen. Wichtig ist, was dieses Muster für den Menschen individuell bedeutet oder bedeutet hat; dann muss geprüft werden, ob es so bleiben soll oder nicht. Ohne diese notwendigen Schritte kann keine Veränderung stattfinden.

Veränderung bedarf der Motivation, des Bewusstmachens, des Annehmens und der Reflexion.

Wolfgang (46) gerät immer wieder in Konflikt mit seiner Frau Marion (47), wenn es darum geht, eine Diskussion zu Ende zu führen. Marion klagt, dass Wolfgang mitten im Gespräch aufsteht, einfach geht und sie mit der ungeklärten Situation allein zurücklässt. Wolfgang erwidert, dass es ihm an einem bestimmten Punkt einfach zu viel wird und er nicht anders kann, als zu gehen. Dieses Verhalten betrifft in erster Linie Diskussionen, in denen es um ihre Partnerschaft geht.

Wolfgang wuchs als Einzelkind in einer Familie auf, in der sich die Eltern laufend in seinem Beisein stritten. Die Streitereien beschreibt er als schrecklich, meist ging es sehr lautstark zu und nicht selten versuchte seine Mutter, ihn in den Streit mit einzubeziehen, ihn als »Schutzschild« zu missbrauchen. Er reagierte daraufhin mit Flucht: Er schlich sich auf sein Zimmer, zog sich die Decke über den Kopf oder hörte Musik, um von den ewigen Diskussionen nichts mehr mitzubekommen.

Durch die elterliche Situation war Wolfgang als Kind völlig überfordert. Er hatte keinerlei Möglichkeit, dieser zu entkommen – außer durch Rückzug. Er lernte nie, wie man richtig diskutiert, da ihm dies vonseiten der Eltern jahrelang ungünstig vorgelebt worden war. Die Flucht half ihm, bestmöglich durchs Leben zu kommen. Als es Wolfgang durch die Therapie gelang, sich dies bewusst zu machen, war er schließlich auch fähig, für sich zu prüfen, ob dieses Kindheitsmuster, das einmal überlebenswichtig für ihn gewesen war, auch heute im Alter von 46 Jahren noch sinnvoll erscheint. Marion wiederum versuchte, sich in Wolfgang hineinzuversetzen und seine Diskussionsflucht zum ersten Mal aus seinem Hintergrund heraus zu verstehen. Sie bezog sie nun nicht mehr ausschließlich auf sich, was sie bislang immer getan hatte. Er handelte nicht bewusst nach einem Vorsatz. Nun konnte die eigentliche Arbeit im Sinne der Veränderung beginnen.

Verstehen, nicht bewerten

Der erste Schritt besteht, wie bereits erwähnt, darin, zu erkennen und zu verstehen, warum ein Mensch handelt, wie er handelt. Dabei geht es auf keinen Fall darum, das Verhalten zu bewerten, sondern nur darum, es zu verstehen. Ich gehe davon aus, dass kein Mensch einem anderen – noch dazu dem eigenen Partner – vorsätzlich schaden oder wehtun möchte. Ich kann mir nicht vorstellen, dass die Menschen, die ich kenne und mit denen ich zusammenarbeite, morgens mit dem Vorsatz aufstehen:»Heute ist ein guter Tag, um meinen Partner zu verletzen.« Wenn sie es dennoch tun – und das geschieht in Partnerschaften nun einmal –, können sie zu diesem Zeitpunkt nicht anders. Noch nicht. Jeder Mensch tut aus seiner Sicht das Richtige, das aus Blickwinkel des Partners jedoch nicht immer das Beste sein muss. Jeder erwachsene Mensch trägt für sein Verhalten die Verantwortung und bestimmt selbst, ob er und inwieweit er sich darauf einlassen möchte, sein Verhalten zu hinterfragen und gegebenenfalls zu verändern.

In der Paartherapie bringt das gleich zwei Vorteile mit sich. Zum einen kann jeder der Partner sich selbst besser kennenlernen und möglicherweise auch besser annehmen. Er kann seine»blinden Flecken« – sogenannte Lebensthemen – sichtbar machen. Blinde Flecken haben alle Menschen. Zum anderen können die Partner sich gegenseitig besser kennenlernen, mit all ihren Lebensthemen. Daraus ergibt sich dann die Möglichkeit, das erarbeitete Wissen konstruktiv für die Partnerschaft einzusetzen. Das bedeutet, dass in erster Linie jeder die Verantwortung für sich selbst trägt. Wenn es Dinge – blinde Flecken, Muster – im eigenen Leben gibt, die verändert werden sollen, kann das jederzeit geschehen und zwar unabhängig vom Partner. Lebensthemen haben das unangenehme Merkmal, dass sie sich nicht von allein auflösen. Es ist ganz besonders wichtig zu verstehen, dass das immer nur der jeweilige Mensch selbst entscheiden und tun kann. In zweiter Linie hat der Partner möglicherweise nun ein besseres Verständnis für den anderen bekommen und kann auch hier Verantwortung übernehmen, indem er Rücksicht auf die Belange des anderen nimmt. Es liegt in seiner Mitverantwortung, den anderen durch bestimmte Worte oder durch ein bestimmtes Verhalten entsprechend zu triggern – also wiederum ein bestimmtes Verhalten beim Partner auszulösen oder zu verstärken – oder auch deeskalierend auf ihn einzuwirken.

Altlasten aus der Vergangenheit

Wir alle haben unser Päckchen zu tragen. Dieses Päckchen besteht aus unserer Vergangenheit, aus den Erlebnissen und Erfahrungen, die wir im Laufe unseres Lebens gemacht haben, und manchmal auch aus Schicksalsschlägen, die wir erleiden mussten und die uns zu dem Menschen geformt haben, der wir heute sind. Ablegen können wir das Päckchen nicht, es ist gewissermaßen angewachsen; doch wir können uns den Inhalt genauer ansehen. Mit dem Ziel, möglicherweise überflüssigen Ballast abzuwerfen. Doch dazu müssen wir uns damit zunächst auseinandersetzen, mit uns selbst und unserem bisherigen Leben. Manchmal müssen wir neu sortieren oder ordnen, um das Päckchen dann wieder gut oder sogar besser schultern zu können. Es gibt Menschen, die ihr ganzes Leben lang einen riesigen Trekkingrucksack mit sich herumschleppen und damit erstaunlich gut durchs Leben wandern. Und es gibt Menschen, die schon von einem kleinen Wanderrucksäckchen Rückenschmerzen bekommen. Das kann und soll nicht bewertet werden, denn wie schwer das Päckchen ist, ist immer subjektiv. Es geht vielmehr darum, Menschen bei der Neu- oder Reorganisation ihres Rucksacks zu unterstützen.

Für eine gute Partnerschaft ist es sehr wichtig, sich mit sich selbst auseinanderzusetzen. Je besser man sich selbst kennt, je genauer man sich einschätzen kann und je bewusster man mit den eigenen Lebensthemen umgehen kann, desto günstiger stehen die Chancen, mit diesen auch gegenüber dem Partner in einer möglichst reifen Art und Weise umzugehen.

Der Therapieverlauf

Zunächst möchte ich anmerken, dass nur sehr wenige Paare im Frühstadium ihrer Konflikte therapeutische Hilfe in Anspruch nehmen. Die meisten erscheinen erst dann in meiner Praxis, wenn der Leidensdruck schon relativ groß ist. Das finde ich bedauerlich, denn manchmal sind die Fronten dann schon verhärtet, häufig besteht nur noch wenig Kompromissbereitschaft auf beiden Seiten. Oft haben die Paare, bevor sie zur therapeutischen Möglichkeit greifen und bei mir landen, schon selbst sehr viel ausprobiert, um Lösungen zu finden. Nicht selten fehlen inzwischen Kraft und Energie auf einer oder sogar auf beiden Seiten.

Bestandsaufnahme des Ist-Zustands

Meine erste Aufgabe besteht darin, zu verstehen, worum es in dieser Partnerschaft geht. Was führte zu den Konflikten, was wurde bisher unternommen, um eine Lösung zu bewirken? Was funktioniert gut in dieser Partnerschaft? Die Erwartung der Klienten liegt meist in mir als Therapeutin und somit unabhängiger dritter Person, die objektiv und neutral sein kann, weil sie mit keinem der beiden emotional verbunden ist. Man könnte sagen, dass sie sich jemanden wünschen, der von außen auf ihre Situation schaut, sozusagen eine dritte Sichtweise bildet, weil sie selbst einfach nicht weiterkommen.

Das Kompromissmodell

Um herauszufinden, ob und inwieweit ein Paar noch bereit ist, aufeinander zuzugehen, wende ich ein Kompromissmodell an, das die meisten Paare zu Beginn als eine Art Hausaufgabe zu bearbeiten haben. Der Fokus wird dabei ganz entscheidend auf die eigene Person gerichtet und nicht auf den Partner. Die Fragestellungen dazu lauten: Was ist jeder Einzelne noch für die Partnerschaft zu tun bereit? Was genau kann und will jeder der Partner konkret tun oder verändern? Was ist (noch) verhandelbar und was möglicherweise nicht (mehr)?

Das klingt zunächst vielleicht recht einfach, doch hat die Erfahrung gezeigt, dass es bedeutend leichter ist, dem Partner gegenüber Erwartungen zu äußern und diesem gegenüber Forderungen zu stellen. Schwerer ist es, sich selbst zu fragen, was man noch für die Partnerschaft zu tun bereit ist.

Idealfall:

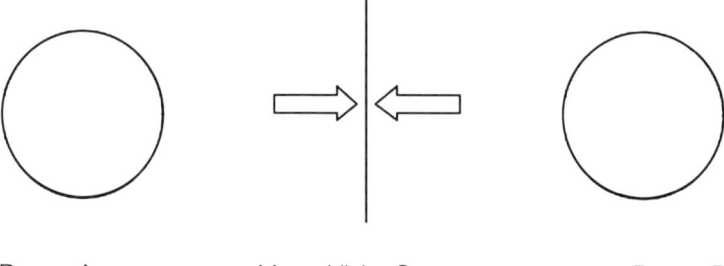

Person A   Menschliche Grenze   Person B

Zur Vereinfachung liegt die menschliche Grenze – also die Grenze dessen, das man bereit ist zu tun – ohne sich zu verbiegen beziehungsweise seine eigene Grenze zu überschreiten – in der Abbildung in der Mitte. Natürlich befindet sie sich nicht immer genau dort. Je nach Thema, um das es aktuell geht, liegt die Grenze mal näher bei A und mal näher bei B. Zudem handelt es sich nicht wie dargestellt um eine Linie, sondern vielmehr um einen dehnbaren Bereich, innerhalb dessen die Grenze auch variiert.

Mit diesem Modell kann jedes partnerschaftliche Thema für sich betrachtet werden – mit Ausnahme des Kinderwunsches. Hier geht es um eine grundsätzliche Lebenseinstellung, und einen Kompromiss im Sinne eines »halben Kindes« gibt es sowieso nicht. Eine Einigung zu diesem Thema könnte lediglich so aussehen, dass man statt vier Kindern zwei bekommt. Will einer der beiden Partner gar keine Kinder, muss der andere immer verzichten beziehungsweise umgekehrt. Einen »Ausgleich« dafür wird es kaum geben. Nehmen wir als Beispiel deshalb den klassischen Konflikt der Sexualität. Ein Paar möchte guten Sex miteinander haben – das ist sein vorrangiges Konfliktthema, mit dem es zu mir in die Praxis kommt. Nun muss zunächst geklärt werden, wer inwieweit bereit ist, dafür was genau zu tun. Das Modell oben zeigt die Ideallösung, die es wohl nie geben wird: Die beiden treffen sich in der Mitte. Person A und Person B wären gleichermaßen bereit, auf den anderen zuzugehen, und keiner der beiden käme dadurch in den Umstand, seine eigene Grenze überschreiten zu müssen.

Problemfall:

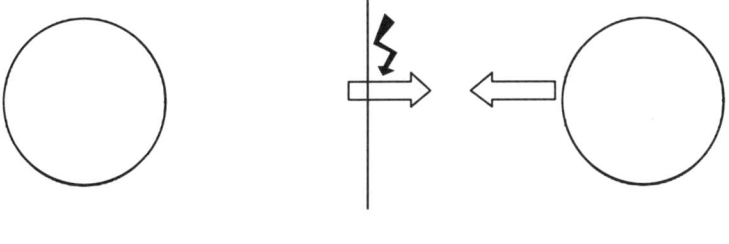

Person A   Menschliche Grenze   Person B

Person B kann in unserem Beispielkonflikt Person A nur teilweise entgegenkommen. Jeder weitere Schritt entspräche keinem echten Kompromiss mehr, Person B würde sich »verbiegen« müssen. Nachdem das Ziel aber ist, dass beide Partner sich so weit entgegenkommen, dass sie zueinander »in Beziehung stehen«, wäre Person A gefordert, den in diesem Fall größeren Schritt auf Person B zuzumachen. Hierbei muss Person A auch darauf achten, dass ihre Grenze nicht überschritten wird, denn sonst würde sie sich ja wiederum »verbiegen«.

Was ist aber nun in dem Fall, in dem Person B fünfmal die Woche Sex will und Person A nur alle zwei Wochen einmal? In der Praxis sieht es häufig so aus, dass Person B dann von Person A erwartet, sich zu ändern – mehr Lust, mehr Bereitschaft zeigt. A hingegen will, dass B nicht dauernd das Verlangen nach Sex hat. Gibt es in diesem Fall überhaupt eine Lösung? Subjektiv betrachtet hat jeder der beiden recht. Doch um Recht oder Unrecht, um richtig oder falsch, gut oder schlecht geht es nicht; es kann keine Entscheidung für A oder B geben. Mit dem Kompromissmodell, das individuell vom Paar ausgearbeitet wird, muss deshalb herausgefunden werden, ob das Paar überhaupt zur Veränderung bereit ist. Anschließend stellt sich die Frage, in welche Richtung sie jeweils bereit wären sich zu verändern und unter welchen Bedingungen beziehungsweise Voraussetzungen. Oft lassen sich so durch kleine Schritte Grenzverschiebungen erreichen, mit denen beide Partner gut leben können.

Ich betrachte Grenzen nicht als statisch, sondern als äußerst flexibel. Mit zunehmender Lebenserfahrung und Reife können sich Grenzen verändern. Dauerhaft tragfähig können Beziehungen nur sein, wenn es dem Menschen gelingt, seine Grenze auch mal verschieben zu können. Das wiederum kann nur durch eine entsprechende innere Haltung erreicht werden. Die grundsätzliche Voraussetzung dafür ist, dass beide die Veränderung wollen. Wenn einer der Partner nicht oder nicht mehr bereit ist, dem anderen entgegenzukommen, funktioniert die Partnerschaft auf Dauer nicht: Lediglich zähneknirschend Dinge zu tun, die nicht die eigenen sind, ist äußerst problematisch. In der Praxis sieht der Ist-Zustand dann so aus, dass einer der Partner das Gefühl hat, schon viel zu lange über seine Grenzen gelebt und Dinge getan zu haben, die nicht seiner Überzeugung entsprechen. Dieses nicht immer bewusste Verhalten führt dazu, dass der Mensch sich über lange Zeit verbiegen musste – was sich meiner Erfahrung nach irgendwann immer rächt. Um bei unserem Beispiel mit der Sexualität zu bleiben, hieße es dann, dass A vielleicht schon lange Zeit mit B nur Sex hatte, um Konflikte zu vermeiden. Es handelt sich also nicht um eine echte innere Haltung, sondern um die Absolvierung einer Art Pflichtprogramm.

Um zu einer für beide Seiten zufriedenstellenden Kompromisslösung zu finden, muss jedoch nicht immer die exakte Mitte gefunden werden; wichtig ist, dass die Summe der verschiedenen Kompromisse ein gutes Gleichgewicht zwischen Geben und Nehmen in der Partnerschaft herstellen.

Zukünftiger Soll-Zustand

Eine Therapie kann nur dann erfolgreich sein, wenn beide Partner noch bereit sind, Kompromisse einzugehen. Erst dann kann man sich über eine veränderte Marschrichtung Gedanken machen. Der alte Weg ist nicht mehr begehbar, das Paar befindet sich in einer Sackgasse, ein neuer Weg muss gefunden werden. Wie der im Einzelnen aussieht, weiß zu diesem Zeitpunkt noch keiner genau. Das therapeutische Ziel wäre, diesen gemeinsam herauszufinden.

Alles, was der Mensch kennt, also Bekanntes und Gewohntes, ist ihm vertraut und gibt ihm Sicherheit. Letztlich geht es immer um Veränderung. Dies heißt immer auch, sich auf Neues, Unbekanntes und Ungewohntes einzulassen. Auf etwas, das man bisher nicht kannte und von dem man auch nicht sicher sagen kann, dass es das Richtige für einen ist. Der Gedanke daran macht den meisten Menschen Angst; es erfordert Mut, sich auf Veränderung einzulassen.

Gewohntes ist uns vertraut, Veränderung und Neues machen uns Angst.

175

Veränderung kann nur auf freiwilliger Basis geschehen. Menschen tun grundsätzlich nur etwas, wenn sie einen Nutzen davon haben. Das muss gar nichts Materielles sein, es kann dabei auch um Dinge wie zum Beispiel Anerkennung, Dankbarkeit oder sogar Liebe gehen. Somit tut auch niemand etwas, was in Richtung Veränderung geht, ohne seinen eigenen Nutzen daraus zu ziehen. Fragen Sie sich doch einmal ganz ehrlich: Verändern Sie etwas, nur weil andere es Ihnen sagen? Wahrscheinlich nicht. Um noch einmal auf unser Beispiel mit der Sexualität zurückzukommen: Warum sollte Person A öfter mit Person B schlafen wollen, oder was hätte Person B davon, weniger Sex mit Person A haben zu wollen? Würden beide an ihren Standpunkten festhalten, wäre keine Veränderung im Sinne einer Verbesserung innerhalb dieser Partnerschaft möglich. Beide würden auf ihren jeweiligen Positionen verharren und somit nicht »in Beziehung stehen«.

Grundsätzlich gilt: Jeder Weg ist nur dann gut, wenn es der eigene Weg ist. Und dieser muss innerhalb der Therapie herausgefunden werden. Für beide Partner und Beteiligten.

Mögliche Therapie bei Seitensprüngen

Ich persönlich finde es viel zu einfach, beim Thema »Seitensprung« den moralischen Zeigefinger zu heben und zu sagen: »So etwas macht man doch nicht!« Jeder Mensch hat seine Gründe dafür, so zu handeln, wie er handelt. Nicht immer tun Menschen Dinge bewusst, und das gilt es manchmal auch herauszufinden. Es lohnt sich, genauer hinzuschauen, wenn man sich damit wirklich auseinandersetzen will. Das ist mit Sicherheit der schwierigere Weg und deshalb in meinen Augen auch der richtige. Denn eine ernsthafte Auseinandersetzung mit den individuellen Gründen für das Fremdgehen wäre – meiner Meinung nach – das Einzige, was man seinem Partner und sich wirklich »schuldig« wäre. In meiner Vorstellung von partnerschaftlicher Fairness sind immer beide Partner mit einbezogen. Erst wenn das wirklich der Fall und das

Beziehungspotenzial dahingehend ausgeschöpft ist, sollte eine möglichst gemeinsame Entscheidung getroffen werden. Niemand kann ausschließen, dass sich Menschen, Dinge, Umstände und Situationen im Leben verändern. Das Gelöbnis »bis dass der Tod uns scheidet« ist meiner Meinung nach mit Vorsicht zu behandeln, zumal uns die Zahlen ja eine völlig andere Realität zeigen: Laut Statistischem Bundesamt gehen in Deutschland jährlich rund 200 000 Ehen in die Brüche, das ist mittlerweile fast jede zweite Ehe.

Das Beziehungspotenzial ausschöpfen

Kann man seinem Partner wirklich einen Vorwurf machen, wenn er sich in der Beziehung nicht mehr wohlfühlt, wenn er nicht wachsen, sich nicht entfalten kann oder sonstige Gründe hat, die ihm eine Weiterführung der Partnerschaft unmöglich machen? Das könnte man – aber nur dann, wenn das Beziehungspotenzial nicht wirklich ausgeschöpft wurde. Der unzufriedene Partner müsste im Idealfall den anderen darüber in Kenntnis setzen, was ihn gedanklich umtreibt. Aus Gedanken werden nicht selten Taten. Im Fall eines Seitensprungs heißt das oft, dass einer sich für diesen Weg der Problemlösung entscheidet, ohne dass der andere sein Einverständnis dazu gegeben hat oder überhaupt davon weiß.

Dem nicht involvierten Partner wird keine echte Chance gegeben, etwas zu tun oder etwas nicht zu tun, geschweige denn, etwas zu einer Veränderung beizutragen. Häufig beschließt ein Partner im Alleingang, dass seine Unzufriedenheit ein Ausmaß angenommen hat, mit dem er nicht mehr leben kann. Dann handelt er früher oder später auch entsprechend. Gedanklich ist einer dem anderen manchmal schon um lange Zeit voraus, und der zeitlich hinterherhinkende Partner kann oft gar nicht mehr viel tun, was die Beziehung noch verbessern könnte. Dabei sind bei Weitem keine oder nicht ausreichende Versuche unternommen worden, eine gemeinsame Lösung zu finden. Das kann natürlich anstrengend sein und

Konflikte aufwerfen. Wichtig ist es zu klären, ob beide an einer Lösung interessiert sind.

Ein Seitensprung kann in wenigen Einzelfällen eine Lösung sein – etwa dann, wenn ein Partner keine Veränderung, aber auch keine Trennung wünscht, und der andere wiederum bereit ist, gewisse Dinge außerhalb der Partnerschaft zu kompensieren, ebenfalls ohne Trennungswunsch. Hierbei wären klare Absprachen notwendig.

Nach meinem Verständnis einer Partnerschaft auf Augenhöhe müssen immer beide in eine Entscheidung mit einbezogen sein, insbesondere dann, wenn diese Auswirkungen auf die gesamte Partnerschaft hat. Und das gilt es zu verhandeln. Denn wenn der Seitensprung erst entdeckt ist, kommt Hilfe oft zu spät. Geschätzte zwei Drittel der Partnerschaften überleben einen Seitensprung nicht oder nicht dauerhaft.

Paartherapie – eine besondere Form der Dreiecksbeziehung

Genau genommen ist Paartherapie nichts anderes als eine Dreiecksbeziehung zwischen einem Paar und einem Therapeuten. Der in diesem Fall sichtbare Dritte ist der Therapeut. Dieser muss stets darauf achten, dass möglichst von Anfang an und dauerhaft beide Partner ins Boot geholt werden und dort auch bleiben können. Als Dritter im Spiel muss der Paartherapeut beiden Partnern gerecht werden. Droht einer der Partner aus dem Boot auszusteigen, muss schnell reagiert werden, sonst würde die Therapie ohne Fortschritte verlaufen. Allerdings kommt es auch vor, dass einer der Partner bewusst aussteigt, beispielsweise dann, wenn es auf eine Trennung hinausläuft. Dann kann sich die anfängliche Dreiertherapie zu einer Zweiertherapie wandeln, wenn für einen der beiden Partner noch weitere Hilfestellung notwendig ist.

Eine sehr schöne Form der Paartherapie ist die Viereinsbeziehung – dann arbeitet das Paar mit einem Therapeutenpaar zusammen. Bei einem heterosexuellen Paar wären das eine weibliche Therapeutin und ein männlicher Therapeut, sodass jeder ein gleichgeschlechtliches Gegenüber hat, was für manche Paare in bestimmten Situationen von Vorteil sein kann.

Drei verschiedene Seiten und Bedürfnisse

Zunächst ist es entscheidend, wer mit welchem Anliegen in die Praxis kommt. Doch ob aktive, passive oder (un)sichtbare Seite – fast immer ist viel Leid mit im Spiel. Schuld, Lügen, Moral, Scham, Vorwürfe, Vertrauen, Verletzung, Heimlichkeit, Stolz, Würde bilden nur einen Auszug aus dem Gefühlsspektrum, das bei den Betroffenen auftreten kann.

Oft denkt zumindest einer der Beteiligten bereits über eine Trennung nach; die Arbeit mit trennungsambivalenten Menschen ist keine leichte. Immer wieder kommt man im Laufe der Therapie an den Punkt, an dem alles Erreichte wieder infrage gestellt wird. Weil die Menschen die Tragweite einer solchen Entscheidung durchaus erkennen, wissen sie auch, dass sie selbst die Verantwortung dafür tragen müssen. Sie müssen einen eigenen Weg finden und entsprechend handeln.

Die aktive Einzelperson braucht Unterstützung

Häufig kommen Einzelpersonen in meine Praxis, die in einer festen Beziehung leben und entweder selbst eine Außenbeziehung führen oder deren Partner eine Außenbeziehung hat. Nur in seltenen Fällen haben beide Partner gleichzeitig Außenbeziehungen. Der Leidensdruck ist häufig sehr groß, weil sie mit niemandem darüber sprechen können oder wollen. Dabei ist es unerheblich, ob der Aktive oder der Passive kommt. Für den Aktiven ist es unangenehm, da er sich moralisch »schuldig« gemacht hat oder weiterhin schuldig macht, wenn die Außenbeziehung weiterhin besteht.

Roland (44) hat seit einem Jahr eine Affäre mit Silke (38), die er über das Internet kennengelernt hat. Silke ist alleinstehend und wäre sofort bereit, mit Roland eine »richtige« Beziehung zu führen. Roland ist jedoch seit 14 Jahren mit Eva (43) verheiratet, die beiden haben zwei Kinder im Alter von zehn und 14 Jahren. Sie sind ein eingespieltes Team, haben ein gemeinsames Haus, und im Grunde ist aus Rolands Sicht »alles gut«. Nur die Sexualität zwischen ihnen sei seit der Geburt des jüngsten Kindes schwierig geworden. Eva habe kaum noch Lust auf gemeinsamen Sex. Anfangs war Roland noch ziemlich engagiert der Initiator für gemeinsamen Sex, doch zunehmend widerstrebte ihm die Rolle des »Bedrängers«. Je mehr Körbe er sich bei Eva holte, desto seltener versuchte er es. Eva hingegen behauptet, Sex sei ihr nicht so wichtig, sie brauche »das« nicht. Sie spricht auch nicht gern mit ihm über das Thema und versucht, es auszuklammern.

Durch seine Affäre mit Silke habe er sich endlich einmal wieder als Mann gefühlt, sagt Roland. Sex sei ihm sehr wichtig, das habe er jetzt erst so richtig gemerkt. Er muss sich bei seiner Geliebten nicht anbiedern und um Sex betteln, das sei ein völlig neues Gefühl für ihn. Für sie sei Sex und darüber zu sprechen wie für andere Essen und Trinken, es stelle kein Tabuthema dar, was Roland unglaublich anziehend findet. Außerdem genieße Silke den Sex mit ihm, verführe ihn oft auch von sich aus. Das gab es bei Eva eigentlich nie.

Nachdem Silke immer wieder bekundet, dass sie sich ein Leben mit Roland vorstellen könne, stellt sich ihm die Frage, ob er mit seiner Affäre eine neue Beziehung beginnen oder ob er bei Eva und den Kindern bleiben soll. Schließlich sei doch zwischen ihnen eigentlich »alles gut« – außer eben beim Sex. Allerdings verstehe er sich auch mit Silke gut, und die Sexualität, die ihm sehr wichtig ist, gelinge mit ihr wunderbar. Er sagt, bei Silke fühle er sich richtig als Mann, bei Eva als Vater.

Die Arbeit mit Roland ist keine seltene Arbeit in meiner Praxis. Wahrscheinlich würden die meisten Menschen spontan Partei für Eva, in diesem Fall die Passive, ergreifen, da sie bei einer Trennung allein mit zwei Kindern dastehen würde. Und Roland, der »böse« Aktive, denkt nur an sich und das leidige Thema Sex. Typisch Mann – oder? Dazu muss man sagen, dass der »Fall Roland« inzwischen ebenso häufig in umgekehrter Konstellation vorkommt. Zumindest habe ich in meiner Praxis diese Erfahrung gemacht.

Die Frage, die man sich in einer solchen Konstellation stellen muss, lautet: Was gilt mehr, das Ausleben der eigenen Bedürfnisse oder die Moral beziehungsweise die Loyalität gegenüber der Familie? Dabei geht es nicht um gut oder böse, um Schuld oder Unschuld, auch nicht um richtig oder falsch. Diese Frage lässt sich immer nur individuell beantworten. Roland ist der Meinung, er hätte alles Erdenkliche versucht, um mit Eva ins Gespräch zu kommen und um die gemeinsame Sexualität zu verbessern. Nur mit viel Anstrengung gelang es ihm hin und wieder, Eva zum Sex zu überreden; dabei hatte er jedoch meist noch das Gefühl, dass sie es nur ihm zuliebe macht. Er bemängelt ihre fehlende Lust und Leidenschaft. Eva sagt, Sex sei ihr eben nicht so wichtig. Sie ist nicht bereit, offen darüber zu diskutieren, und ist in der Beziehung diejenige, die entscheidet, ob sie Sex haben oder nicht. Im Grunde ist es Eva, die die sexuelle Macht in der Beziehung hat. Und wer von beiden hat nun recht? Eva, die keine Lust auf Sex hat, oder Roland, der Lust hat, den Sex in seiner Beziehung aber nicht bekommt? Genaugenommen haben beide aus ihrer jeweiligen Sicht recht – was wiederum ein Problem darstellt, da jeder auf seiner Position beharrt und sich nicht mehr kooperativ und kompromissbereit zeigt (siehe S. 172 ff.).

Eine Lösung bestünde darin, dass Roland die Affäre heimlich weiterführt und die fehlende Sexualität außerhalb seiner Ehe mit Silke kompensiert. Darin lauern jedoch einige Gefahren: Zum einen wissen wir nicht, wie lange Silke sich mit der Position der unsichtbaren Dritten zufriedengeben wird, zumal sie eine ernsthafte Beziehung mit Roland in Erwägung zieht. Es könnte passieren, dass sie ihn eines Tages massiv unter

Entscheidungsdruck setzt. Wenn Roland sich nicht für Silke entscheidet, wird mit großer Wahrscheinlichkeit eine andere unsichtbare Dritte ihren Platz einnehmen, da das Problem innerhalb seiner Ehe ja nicht gelöst ist und weiterhin kompensiert werden will. Eines Tages werden Evas und Rolands Kinder, die er als Hauptgrund dafür angibt, sich nicht von Eva trennen zu können, außer Haus sein. Spätestens dann kommt der Zeitpunkt, an dem Eva und Roland sich nicht mehr in dem Maße wie zuvor als Mutter und Vater gegenüberstehen, sondern wieder als Mann und Frau. Die Chance, dass Roland bis dahin kein sexuelles Verlangen mehr oder Eva plötzlich starkes Verlangen verspürt, ist wohl eher gering.

Eine andere Lösung könnte darin liegen, noch einmal zu versuchen, auf die Ernsthaftigkeit des Problems hinzuweisen: Ist wirklich alles ausgereizt, was in puncto Sexualität bei den beiden möglich ist? Welche Gründe könnten dafür sprechen, dass Eva sich sexuell zurückgezogen hat? Möglicherweise könnte Roland die Affäre auch offenlegen, von der Eva bisher keine Kenntnis hat. Die Gefahr dabei ist jedoch, dass Eva dadurch tief verletzt und vielleicht sogar die Trennung wollen würde. Die Chance hingegen läge darin, dass die beiden es schaffen, an ihrem Problem gemeinsam zu arbeiten und dabei neue Wege entdecken und sich möglicherweise gemeinsam weiterentwickeln oder es zumindest versuchen würden.

Eine weitere Lösung, die allerdings sehr viel Toleranz von allen Beteiligten voraussetzt, könnte eine alternative Beziehungsform sein. Eva und Roland setzen sich beide gemeinsam mit dem Thema »Sexualität« auseinander und entscheiden gemeinschaftlich, dass sie als Paar beziehungsweise als Eltern zusammenbleiben wollen, Roland seine sexuellen Bedürfnisse aber außerhalb der Beziehung befriedigen darf. Silke wiederum müsste ebenfalls mit ihrer Rolle als sichtbare Dritte einverstanden sein.

Die passive Einzelperson braucht Unterstützung

Wieder kommt eine Einzelperson zu mir, diesmal der Passive, für den die Situation ebenfalls unerträglich ist. Er schämt sich dafür, dass der Partner einen Dritten gefunden hat, oder hat Angst davor, ob und wie es weitergehen wird. Auf jeden Fall ist die Situation mit sehr viel Enttäuschung, Wut und negativen Gefühlen belastet.

Manuel (32) hat vor Kurzem herausgefunden, dass seine Freundin Rita (33) eine Affäre mit einem Kollegen hat. Er hatte schon lange einen Verdacht und kontrollierte deshalb in einem unbeobachteten Moment ihr Handy. Als er sie daraufhin zur Rede stellt, gesteht sie ihm, lediglich ein paar Mal mit dem Kollegen »rumgeknutscht« zu haben, sonst sei nichts passiert. Manuel lässt das keine Ruhe mehr, er bombardiert Rita so lange mit Fragen, bis sie endlich zermürbt zugibt, mit dem Kollegen doch ein Mal geschlafen zu haben.

Manuel sagt, Ritas wochenlange Lügerei habe ihn tiefer verletzt als die Tatsache, dass sie mit einem anderen Mann geschlafen hat. Wenn sie gleich ehrlich gewesen wäre und es zugegeben hätte, also zu dem gestanden hätte, was sie getan hat, wäre es nicht halb so schmerzvoll für ihn, sagt er.

Vor allem kann er ihr jetzt gar nicht mehr glauben, dass sie mit dem Kollegen nur ein Mal im Bett gelandet sei. Möglicherweise war sie öfter mit ihm zusammen. Schließlich habe sie ihn doch die ganze Zeit belogen. Manuel weiß nicht mehr, was er tun oder glauben soll, die beiden reden kaum noch miteinander, da jedes Gespräch zwischen ihnen in einem Desaster endet. Sie stehen kurz vor der Trennung.

Auch die Arbeit mit Manuel ist keine seltene in meiner Praxis. Was gilt mehr: die Verletzung und der Vertrauensbruch in der Beziehung oder der Wunsch, verzeihen und vergeben zu können und die Partnerschaft neu aufleben zu lassen?

Bei diesem Beispiel sind bisher nur wenige Tatsachen bekannt. Was völlig fehlt ist Ritas Sichtweise. Was brachte sie dazu, eine Affäre mit dem Kollegen zu beginnen? Hat ihr etwas in der Beziehung mit Manuel gefehlt oder hat sie sich vielleicht gar nichts dabei gedacht? Wie stellt sie sich die weitere Partnerschaft vor, will sie die überhaupt noch? Warum hat sie so lange gelogen? Hier wäre es die beste Lösung, wenn beide zur Therapie kämen. In jedem Fall wird Manuel entscheiden müssen, ob er Rita jemals wieder Vertrauen entgegenbringen kann und will. Sollte er das nicht können, ist die Trennung bereits ausgesprochen. Vertrauen heißt immer: nicht wissen. Vertrauen heißt: mit dem Wissen, das man hat, auszukommen. Vertrauen heißt: keine Kontrolle. Das ist die größte Falle, in die Betroffene gern tappen; der Passive fordert völlige Kontrolle des Aktiven, schließlich hat dieser ja die Tat begangen. Und der Aktive willigt ein, weil sonst der Verlust des Partners beziehungsweise das Ende der Beziehung droht. Leider funktioniert dies in der Umsetzung oft nicht. Einer der beiden wird zum Kontrollfreak und fühlt sich dabei meist nicht wohl; der andere wird dadurch immer »durchsichtiger«, immer transparenter und verliert seinen Individualbereich. Das ist kein echtes Vertrauen.

Paare – Aktiver und Passiver brauchen Unterstützung

Paare kommen zum Thema »Seitensprung« meist dann als Paar zu mir, wenn die Außenbeziehung ans Tageslicht gekommen ist und sie nun Hilfe im weiteren Umgang damit suchen. Dies stellt eine Mischung aus den beiden vorherigen Beispielen dar, da es in der Regel einen Aktiven und einen Passiven beim Seitensprung gibt.

Maria (34) und Stefan (34) sind seit acht Jahren ein Paar. Kennengelernt haben sich die beiden während ihres BWL-Studiums. Inzwischen sind beide fest angestellt und leben in einer gemeinsamen Wohnung. Sie besitzen einen großen Freundeskreis, in dem befreundete Paare nach und nach geheiratet und Kinder bekommen haben. Auch für Maria und

Stefan stellt sich die Frage nach den weiteren gemeinsamen Lebenszielen.

Maria ist eine lebendige, impulsive Frau, die gern redet und alles ansprechen möchte. Sie ist in einer großen Familie aufgewachsen, in der stets Betriebsamkeit herrschte. Sie war schon sehr früh selbstständig und hat gelernt, Verantwortung zu übernehmen. Stefan dagegen ist eher ruhig, sagt wenig und das selten von sich aus. Aus seinem Familienhintergrund heraus hat er nicht gelernt, Entscheidungen zu treffen und Verantwortung zu übernehmen, weil seine Eltern alles für ihn entschieden. Die bestimmende Mutter und der autoritäre Vater sorgten dafür, dass Stefan heute besonders empfindlich auf alles reagiert, was Druck von außen auf ihn ausübt und ihn in seiner Freiheit beschneiden könnte.

Als nun die Diskussion über Heirat, Kinder und Hausbauen ansteht, macht sich die Unterschiedlichkeit der beiden stark bemerkbar. Für Maria ist es klar, wie es weitergehen soll, sie könnte im Grunde schon längst verheiratet sein und drei Kinder haben. Für Stefan jedoch beginnt eine schwere Zeit; ihm wird zunehmend klar, dass diese Entscheidungen eine enorme Tragweite annehmen und nun auch echte Verantwortung bedeuten würden. Weil er all das – auch das Reden – nie gelernt hat, zieht er sich immer mehr zurück, insbesondere dann, wenn Maria Druck auf ihn ausübt. Beide werden immer unzufriedener und teilen sich ihre wahren Gedanken nicht offen und ehrlich mit. Maria hinterfragt, ob Stefan sie überhaupt liebt; Stefan fragt sich, ob Maria in ihm nicht jemand ganz anderen sieht. Beide sind stark verunsichert und stellen die Beziehung infrage. So kommt es, dass Stefan eine Affäre mit einer Arbeitskollegin beginnt. Maria erfährt davon, als diese bei ihr anruft und sie höchstpersönlich ins Bild setzt. Maria reagiert erstaunlich ruhig und besonnen. Als Stefan nach Hause kommt, stellt sie ihn zur Rede. Er gibt alles sofort zu und beendet die Affäre. Er rechnet Maria heute noch hoch an, wie sie mit der Situation umgegangen ist. Er sagt:»Ich habe dadurch erst gemerkt, was ich doch für ein Depp war.«

Das alles war schon passiert, als die beiden zu mir in die Praxis kamen. Nachdem klar war, dass sie zusammenbleiben wollen, arbeiteten Maria und Stefan Schritt für Schritt das Vergangene auf. Sie lernten, mit ihren alten Mustern neu umzugehen, sprachen alle Ängste, Sorgen, Vorbehalte und Wünsche offen an und erarbeiteten sich eine neue gemeinsame Basis für ihre Beziehung. Dabei erfuhren beide, wie Kompromisse funktionieren, und lernten, die eigenen Grenzen und die des Partners zu wahren, zu respektieren und gegebenenfalls auch zu setzen. Einmal den Blickwinkel des anderen einzunehmen, woraus sich völlig neue Sichtweisen ergeben können. Stefans Seitensprung, den Maria immer noch als tiefe Verletzung empfand, konnten sie in einem gemeinsam geschaffenen Ritual endgültig an einem guten Platz »begraben«.

Dafür reisten Maria und Stefan nach Beendigung der Therapie an den Ort, an dem sie ihren Jahresurlaub verbrachten, als Stefan die Affäre mit der Kollegin hatte. Jeder schrieb seine Vorwürfe auf einen großen Stein; diese musste Stefan stundenlang bei einer Wanderung tragen, bei der sie sich letztmalig über die Affäre unterhielten. Dann warfen sie die Steine gemeinsam in einen See und stießen mit einem Glas Sekt auf die endgültig »versenkte« Affäre an.

Der (un)sichtbare Dritte braucht Unterstützung

Der ebenfalls sehr häufige Fall ist, dass der (un)sichtbare Dritte Hilfe sucht, denn auch dieser steht unter einem großen Leidensdruck und kann oder will nicht mit anderen darüber sprechen. Möglicherweise ist das Schamgefühl zu groß, oder die Befürchtung, bei anderen auf Unverständnis zu stoßen.

Helen (46) hat seit zwei Jahren ein Verhältnis mit Alexander (48), den sie im Internet kennengelernt hat. Helen ist geschieden, ihre beiden erwachsenen Kinder leben nicht mehr in ihrem Haushalt. Alexander ist verheiratet, seine Kinder sind fünf und zehn Jahre alt. Helen und Alexander leben nicht in

der gleichen Stadt, sehen sich aber regelmäßig, weil Alexan-
der im Außendienst tätig und dadurch zeitlich sehr flexibel ist.
Er besucht Helen mindestens einmal die Woche und bleibt
dann auch über Nacht. Helen sagt, sie liebe die besonderen
Gespräche mit ihm, der Sex sei grandios und sie könne sich
ein Leben mit Alexander durchaus vorstellen. Sie haben auch
bereits mehrfach über eine gemeinsame Lebensplanung ge-
sprochen, allerdings meint Alexander, dass er das weder sei-
ner Frau noch seinen Kindern »antun« könne. Die Ehe sei
schließlich nicht schlecht, zwar auch nicht besonders gut,
aber eben »normal«, wie viele Ehen, die er in seinem Umfeld
kennt. Sexuell würde nicht mehr viel zwischen ihnen laufen,
aber das sei ja auch »normal«, meint er. Er weiß zwar, dass
er mit Helen eine durchwegs positive Zeit verbringt, sieht sich
in seiner Verantwortlichkeit als Ehemann und Vater aber doch
insoweit gefragt, als dass er zumindest im Moment die Fami-
lie nicht verlassen kann.

Helens Anliegen besteht in erster Linie darin, endlich mit
jemandem über die Situation sprechen zu können, und das in
einem Rahmen, in dem sie nicht befürchten muss, für ihre
Beziehung zu Alexander bewertet zu werden. Die Heimlichkeit
auf Alexanders Seite macht ihr extrem zu schaffen. Nachdem
Helens Position Alexander gegenüber sehr klar ist, seine Position Helen gegenüber allerdings nicht, ist die Arbeit schwierig,
denn wie bereits erwähnt kann man andere Menschen nicht
verändern, sondern nur der jeweilige Mensch sich selbst, wenn
er das möchte. Der Fokus der Arbeit liegt nun darauf, dass
Helen einen Weg finden muss, der sich für sie gut anfühlt,
unabhängig von Alexander. Ob dieser sich von seiner Frau
trennen wird oder nicht, kann nur er selbst entscheiden. Helen
will ihn nicht unter Druck setzen, weil sie befürchtet, ihn dann
möglicherweise ganz zu verlieren.

Wenn es eine Situation gibt, mit der man unzufrieden ist,
hat man im Grunde nur drei Möglichkeiten, damit umzugehen: Man kann die Situation verlassen, man kann sie akzep-

tieren oder man kann sie verändern. Helen kann die Beziehung zu Alexander entweder so annehmen, wie sie ist, und sich die positiven Dinge daraus nehmen, die sie in diesem Rahmen bekommen kann. Oder sie hat die Möglichkeit, die Beziehung zu verlassen, was sie zumindest derzeit (noch) nicht will. Die dritte Möglichkeit wäre, die Situation so zu verändern, dass sie für sie besser tragbar wäre; dann läge der Fokus ausschließlich auf Helen – Alexander kann nur für sich selbst entscheiden.

Nach den Gründen forschen

Die angeführten Fallbeispiele stellen nur einen kleinen Auszug aus der Praxis dar. Neben den angesprochenen gibt es natürlich noch weitere Fragen, die es zu klären gilt. Manchmal geraten Menschen häufiger in Dreiecksbeziehungen; dann wäre es hilfreich zu erforschen, warum das so ist. Wir haben uns in diesem Buch hauptsächlich mit der Frage beschäftigt, warum jemand fremdgeht, also mehr die Seite des Aktiven beleuchtet. Interessant wäre es auch, die anderen Seiten zu betrachten. Wenn ein Mensch mehrmals in die Position des (un)-sichtbaren Dritten gerät, könnte man folgende Fragen stellen: Warum passiert das? Ist es »Pech«, oder hat es noch andere, tieferliegende Gründe? Dreiecksbeziehungen in ihrer ganzen Komplexität betrachtet haben es oft in sich und ein kritischer Blick in das Gefüge kann sich durchaus lohnen.

Um noch einmal zu unserem Einstiegsbeispiel zurückzukommen: *Dort begegneten sich zwei Menschen im Netz; sie wollte ihren Selbstwert aufbessern, er wusste nicht genau wonach er suchte. Vordergründig stand für beide eines ganz oben: Sex! Der geplante Seitensprung wurde schnell eine Affäre, die wiederum rasch in eine Beziehung, sogar in ein Doppelleben mündete. Mit tiefen Emotionen auf beiden Seiten. Beide haben etwas gesucht und sich gefunden. Sie suchten nach Sex und fanden Liebe – eine Liebe, in der sich alle Sehnsüchte zu erfüllen schienen.*

Und war es dann wirklich »nur« Sex?

Danksagung

Nie habe ich verstanden, warum Autoren so gern Lobeshymnen in ihren Büchern singen. Jetzt weiß auch ich, warum.

Meinen Klienten
Danke für das Vertrauen und Danke für das, was ich mit jeder einzelnen Begegnung immer wieder neu erfahren und lernen durfte und hoffentlich noch lange weiterhin darf!

Meinen Söhnen Elliott & Cecil
Ich liebe und vermisse Euch.

Meinen Eltern
Der 200%ige Verlass auf Euch ist das, was mir die Sicherheit gibt. Danke!

Nicole Rinder
Dir liebe Nic, meiner schärfsten Kritikerin, aber immer hilfs- und einsatzbereiten Freundin, von Herzen Danke!

Prof. Dr. Petar Hund
(Fast) unermüdlicher Einsatz und Höchstleistungen!
In Liebe.

Dr. Karin Hutflötz
Ich danke dir, liebe Karin, für unsere zahlreichen philosophischen Gespräche und Auseinandersetzungen. Ich freu mich auf die kommenden!

Margit Fürmetz
Liebe Margit, danke für deine geschichtliche Unterstützung, trotz der schwierigen Umstände!

Dr. Ulrike Kretschmer
Ihnen für die hilfreichen Tipps, Feedbacks und die »Eieis« lieben Dank!

Stefan Linde
Kurzum: Danke, Meister!

Stefanie Heim & Silke Kirsch
Euch beiden ein Danke für die Chance!

Für alle anderen
Der obligatorische, aber von Herzen kommende Dank für den temporären Verzicht und dass ihr mich (hoffentlich) alle noch kennt, aber es hatte ja nichts mit Euch zu tun!

Der letzte Dank geht an die große Liebe.
Du hast uns lieben und leiden gelehrt.

Wer nicht beginnt zu bewegen, wird nicht vollenden!

Und nun ist es geschafft!

Quellen

ARD/ZDF-Onlinestudie 2010: www.ard-zdf-onlinestudie.de (Abruf: 20.01.2011)

Arendt, Hannah/Heidegger, Martin: *Briefe 1925 bis 1975 und andere Zeugnisse.* Klostermann

Clement, Ulrich: *Systemische Sexualtherapie.* Klett-Cotta

Clement, Ulrich: *Wenn Liebe fremdgeht.* Marion von Schröder

Fromm, Erich: *Die Kunst des Liebens.* Ullstein

Gordon, Thomas: *Familienkonferenz.* Heyne

Gottman, John M.: *Die 7 Geheimnisse der glücklichen Ehe.* Ullstein

Grunenberg, Antonia: *»Hannah Arendt und Martin Heidegger«.* In: Einblicke Nr. 44/Herbst 2006, S. 18–21. Universität Oldenburg

Heidegger, Martin: *Sein und Zeit.* Niemeyer

Hillenkamp, Sven: *Das Ende der Liebe.* Klett-Cotta

Jellouschek, Hans: *Die Rolle der Geliebten in der Dreiecksbeziehung.* Kreuz

Jellouschek, Hans: *Warum hast Du mir das angetan?* Piper

Langsdorff, Maja: *Die Geliebte.* BOD

Levine, Stephen B.: *Angstfreie Sexualität.* Heyne

Ludwig, Bernhard: *Anleitung zur sexuellen Unzufriedenheit.* Ueberreuter

Montagu, Ashley: *Körperkontakt.* Klett-Cotta

NetValue Onlinestudie zum Surfverhalten; zitiert nach Spiegel Online: *Sex im Web. Deutsche sind Spitzenreiter,* 04.02.2001: www.spiegel.de/netzwelt/web/0,1518,115810,00.html (Abruf: 07.02.2011)

Pease, Barbara & Allan: *Warum Männer immer Sex wollen und Frauen von der Liebe träumen.* Ullstein

Peters, Uwe Henrik (Hrsg.): *Lexikon Psychiatrie, Psychotherapie, Medizinische Psychologie.* Urban & Fischer

Platon: *Symposion. Das Gastmahl.* dtv/C. H. Beck, S. 39–41

Prior, Manfred: *MiniMax-Interventionen*. Carl-Auer-Systeme
Riemann, Fritz: *Grundformen der Angst*. Reinhardt
Rosenberg, Marshall B.: *Gewaltfreie Kommunikation*. Junfermann
Schmidbauer, Wolfgang: *Die heimliche Liebe*. Rororo
Schmidbauer, Wolfgang: *Lässt sich Sex verhandeln?* Gütersloher
    Verlagshaus
Schnarch, David: *Die Psychologie sexueller Leidenschaft*. Piper
Statistisches Bundesamt, Scheidungszahlen: www.destatis.de
    (Abruf: 26.01.2011)
Theratalk®, wissenschaftliches Projekt am Institut für Psychologie
    der Georg-August-Universität Göttingen: www.theratalk.de
Tolstoi, Leo N.: *Anna Karenina*. btb
WHO/Dilling, Horst et.al. (Hrsg.): *Internationale Klassifikation
psychischer Störungen*. Huber

Die Beziehungspraxis
Andrea Bräu

www.beziehungspraxis.de

Gerne können Sie mir schreiben:

eswardochnursex@beziehungspraxis.de